自治体の
教育委員会職員
にになったら読む本

伊藤卓巳［著］

学陽書房

はじめに

あなたは教育委員会事務局に初めて異動してきました。前職は、首長部局の職員でしょうか、あるいは学校で教壇に立っていた教員でしょうか。場合によっては、初めての配属先が教育委員会事務局である新規採用職員の方もいるでしょう。

配属後間もない時期には、所属部署の事業概要や懸案課題、具体的な業務の進め方を学びます。主に引継書や内部マニュアルを読んだり、口頭でアドバイスを受けたりする場合もあるでしょう。

しかし、教育委員会の仕事の特殊性に、戸惑う人は多いのではないでしょうか。

例えば、首長部局出身者であれば、組織の仕組み、事務処理の仕方等が異なることに戸惑うことでしょう。また、教員出身者であれば、関係課との事前協議を経て起案・決裁を進めるといった組織的な業務執行に、主に個人で仕事を進める学校現場との違いを感じることでしょう。

「県費負担教職員」「指導主事」「私費」「私会計」「補助執行」など聞き慣れない用語が飛び交うことも多いのではないかと思います。

こうした「教育委員会における特殊性」を理解することは、いわば基礎・基本を身につけることといえます。

一方で、基礎・基本的な事項を身につける時間や機会はなかなかありません。結論を知ることができても、「なぜそうなっているのか」まで探求することは、様々な業務に日々追われている中では難しいのです。

基礎・基本を固めることなくても、日々の業務をこなすことはできるかもしれません。しかし、場合によっては数年後に問題が発覚して、そのときの担当者が苦労する……、そのような状況が起こりうることは容易に想像できます。基本を固めて業務を遂行することは、自分自身のためであることはもちろん、将来の後任者のためにも欠かせないのです。

自治体内には数多くの組織がありますが、教育委員会は、世間一般に名の知れた有名な組織ではないでしょうか。それにもかかわらず、教育委員会事務局には、なかなか知られていない特有の情報が多くあります。

本書は、そのような「教育委員会における特殊性」を中心に取り上げ、教育委員会事務局職員としての適切な事務処理を行っていくうえで必要な基礎を構築することを目的としています。

多岐にわたる法令にまたがり、複雑な制度について、条文をもとにわかりやすく紐解くとともに、実務上の留意点、円滑に進めるためのノウハウ等をお伝えします。

教育委員会の任務は大きく「学校教育」と「社会教育」に類別されますが、本書では、「学校教育」を中心に取り上げています。

学校教育は、人間の一生を通じる人間形成の基礎として必要なものを修得させる、非常に重要なものです。教育委員会事務局は、教育を実践・サポートする重要なセクションといえます。本書が、そのようなセクションにおいて奮闘する方の一助になれば幸いです。

なお、佐倉市債権管理課・塩浜克也氏、広島市教育委員会教職員課・大和千秋氏には、本書の企画段階から様々なアドバイスをいただきました。ここに記して感謝申し上げます。

令和４年２月

伊藤 卓巳

第2章 教育委員会の制度と仕組み

第3章 学校の制度と教職員の服務

第4章 会議・文書・情報等の実務

第5章 予算・会計の実務

第6章 トラブル・争訟への対応等

第7章 指導主事・学校現場との協働

凡　例

【法令】

憲法	日本国憲法
自治法	地方自治法
地方教育行政法	地方教育行政の組織及び運営に関する法律
給特法	公立の義務教育諸学校等の教育職員の給与等に関する特別措置法
施設費国庫負担法	義務教育諸学校等の施設費の国庫負担等に関する法律
無償措置法	義務教育諸学校の教科用図書の無償措置に関する法律
教科書無償法	義務教育諸学校の教科用図書の無償に関する法律
義務標準法	公立義務教育諸学校の学級編制及び教職員定数の標準に関する法律
地公法	地方公務員法
労基法	労働基準法
行服法	行政不服審査法
行訴法	行政事件訴訟法
個人情報保護法	個人情報の保護に関する法律
行政機関個人情報保護法	行政機関の保有する個人情報の保護に関する法律
認定こども園法	就学前の子どもに関する教育、保育等の総合的な提供の推進に関する法律
独占禁止法	私的独占の禁止及び公正取引の確保に関する法律
児童虐待防止法	児童虐待の防止等に関する法律

【判例・裁判例】

最判	最高裁判所判決
最決	最高裁判所決定
高判	高等裁判所判決

【判例集・雑誌等】

民集	最高裁判所民事判例集
集民	最高裁判所裁判集民事
刑集	最高裁判所刑事判例集
判自	判例地方自治

【文献】

木田・地教行法	木田宏著、教育行政研究会編著『逐条解説　地方教育行政の組織及び運営に関する法律〈第四次改訂〉』(第一法規、2015年)
宇賀・自治法概説	宇賀克也『地方自治法概説〈第9版〉』(有斐閣、2021年)
宇賀・逐条行服法	宇賀克也『行政不服審査法の逐条解説〈第2版〉』(有斐閣、2017年)
塩野・行政法Ⅲ	塩野宏『行政法Ⅲ〈第5版〉』(有斐閣、2021年)
藤田・行政法総論〈上〉	藤田宙靖『〈新版〉行政法総論　上巻』(青林書院、2020年)
藤田・行政法総論〈下〉	藤田宙靖『〈新版〉行政法総論　下巻』(青林書院、2020年)
芦部・憲法	芦部信喜『憲法〈第七版〉』(岩波書店、2019年)
鈴木・学校教育法	鈴木勲編著『逐条学校教育法〈第8次改訂版〉』(学陽書房、2016年)

第1章

教育委員会事務局の仕事へようこそ

1　1 ◎…教育委員会事務局の仕事とは?

▶▶ 教育委員会事務局とは

教育委員会は「教育に関する事務」をつかさどる自治体の執行機関です。教育長と複数の委員（以下「教育委員」といいます）から構成される合議制の機関であり、意思決定を行うことは当然可能ですが、教育長以外の委員は非常勤のため、具体的な事務を直接的に処理することは想定されていません。つまり、教育委員会は「頭脳」であり、その「手」となり「足」となるセクションが必要となります。

そこで、教育委員会には、いわば「実行部隊」として、事務局を置くこととされています。

■地方教育行政の組織及び運営に関する法律

（事務局）

第17条　教育委員会の権限に属する事務を処理させるため、教育委員会に事務局を置く。

2　教育委員会の事務局の内部組織は、教育委員会規則で定める。

「事務局」とは、一般に合議制組織に置かれる組織です。自治体の組織を見渡してみると、選挙管理委員会や人事委員会なども同様に合議制組織ですが、やはり、それぞれ「事務局」を置いています。

そして、教育に関する事務を処理するため、事務局に様々な職員を配置することとされています。

つまり、教育委員会事務局（以下単に「事務局」という場合があります）の仕事をおおまかにいえば、教育委員会や教育長の意思決定・指揮監督のもと、教育委員会の権限とされている教育に関する事務を具体的に実行していくことといえます。

▶▶ 教育に関する事務とは

教育委員会事務局が処理すべき教育に関する事務は、教育委員会の職務権限と大きく関係しています。そして教育委員会の職務は、自治法や地方教育行政法に明記されています。

■地方自治法

第180条の８　教育委員会は、別に法律の定めるところにより、学校その他の教育機関を管理し、学校の組織編制、教育課程、教科書その他の教材の取扱及び教育職員の身分取扱に関する事務を行い、並びに社会教育その他教育、学術及び文化に関する事務を管理し及びこれを執行する。

■地方教育行政の組織及び運営に関する法律

（教育委員会の職務権限）

第21条　教育委員会は、当該地方公共団体が処理する教育に関する事務で、次に掲げるものを管理し、及び執行する。

一～十九　（略）

このように、教育委員会の職務について定める法律は複数ありますが、自治法180条の８に「別に法律の定めるところにより」と規定されているとおり、自治法の規定は教育委員会の権限の直接的な根拠ではなく、地方教育行政法が教育委員会の直接的な権限の根拠であるとされています（木田・地教行法193頁）。

いずれにせよ、双方の規定からすれば、教育委員会の主な職務権限は①学校などの教育機関の管理、②就学事務、③学校の組織編制、④教育課程、⑤教科書などの取扱い、⑥校長や教員、職員（以下「教職員」といいます）の人事、⑦給食、⑧社会教育、⑨文化、⑩スポーツなどとなります。

これらのうち、「教育現場における教育」以外の業務が事務局職員の業務といえます。具体的には、上記した職務権限に係る指導、計画策定、統計調査、人事、財務や会計、法制や情報公開、補助金、施設修繕などが挙げられます。場合によっては賠償事務や訴訟事務も想定されます。

▶▶ 教育委員会事務局と「教育機関」は異なる

「教育機関」といわれて「学校」を真っ先に思い浮かべる人は少なくないと思われます。

学校には当然教職員が配置されていますが、学校は教育委員会事務局には含まれません。これは、図書館や公民館、博物館なども同じです。

これらは「教育機関」と総称されており、教育機関は教育委員会事務局とは別の扱いがされています。

■地方教育行政の組織及び運営に関する法律

（教育機関の設置）

第30条　地方公共団体は、法律で定めるところにより、学校、図書館、博物館、公民館その他の教育機関を設置するほか、条例で、教育に関する専門的、技術的事項の研究又は教育関係職員の研修、保健若しくは福利厚生に関する施設その他の必要な教育機関を設置することができる。

学校などの教育機関は、自治体が条例により設置し、教育委員会が所管することとされています。そして教育機関に必要な職員を配置し、各教育の実践を行うこととされています。

教育委員会や事務局は、自治体が設置した教育機関を管理することにより、全体として、自治体としての教育が行われているといえます。

▶▶ 教育委員会事務局と教育機関

この教育機関について、教育委員会ないし事務局はどのように管理していくのでしょうか。図書館を例にしてみます。

まず、公立図書館は、図書館法に基づき自治体が設置する教育機関です。

しかし、この図書館法に全国各地の図書館に関するすべてのルールが定められているわけではありません。

図書館法には、全国の図書館の共通的なルール・最低限のルールが定められているに過ぎません。例えば、利用者や利用時間、利用遵守事項などの個別具体的なルールは自治体ごとに決定したほうが合理的です。

よって、個別具体的な図書館のルールは、各自治体の条例で定められます。この条例の原案を作成するのが教育委員会事務局の業務です。

しかし、事務局職員のみで教育機関の条例の原案を作成することは妥当とはいえません。やはり、実際に教育機関で教育にあたる職員の意見を聞きながら作成することが必要でしょう。

そして、そのような条例を定め、教育機関が活動を始めた後は、関係法令等に照らし適切に活動を行っているか、今後どのような方針で活動していくかなどについて、管理していかなければなりません。

また、教育機関が活動を行う際には、当然予算が必要です。また、教育機関の多くは物的施設であるため、時間の経過により当然劣化し、時には大規模な修繕が必要となります。

このような予算の策定や大規模な修繕を行う場合は、教育機関の職員のみならず、事務局職員もまた関与していくことが求められます。

▶▶ 教育委員会事務局の任務とは

以上からすれば、事務局職員の基本的な任務は、①教育委員会の実行部隊として「教育機関における教育以外の教育に関する事務」を処理すること、②教育を実践している教育機関について適切にサポートしていくことの２つといえます。

1|2 ◎…教育委員会事務局の組織構成

▶▶ 教育委員会事務局の具体例

図表1は、教育委員会、教育委員会事務局、教育機関の組織構成の一例です。このほか、主に都道府県教育委員会においては「教育事務所」という出先機関が置かれることもあります。

図表1　教育委員会の組織例

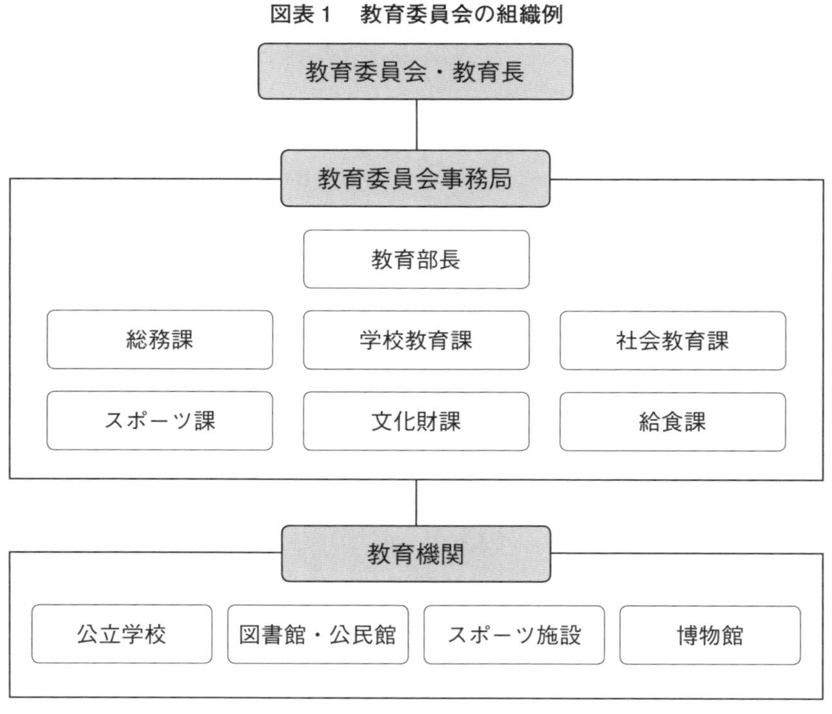

▶▶ 教育委員会事務局の組織と定員

教育委員会事務局の名称は自治体によって様々で、「教育庁」や「教育局」などとしている自治体もあります。

また、「教育部長」「教育次長」など名称も様々ですが、事務局のトップとして一般職の職員が置かれることが通例です。規模の大きな自治体であれば、複数名の職員を配置し、分野ごとに担当させている例もあります。

このように、教育委員会という意思決定機関のもとに事務局が設置され、業務内容に応じ「課」などの内部組織が設置されています。

この事務局の内部組織は、教育委員会規則で定める必要があります。一般的には「行政組織規則」や「事務局事務分掌規則」として定められています。

また、事務局に配置される職員の定員（上限数）は、各自治体の条例で定めることとされています。なお、教育機関に配置される職員の定員（上限数）も同様です。

■地方教育行政の組織及び運営に関する法律

（事務局職員の定数）

第19条　前条第１項及び第２項に規定する事務局の職員の定数は、当該地方公共団体の条例で定める。ただし、臨時又は非常勤の職員については、この限りでない。

したがって、教育委員会事務局内に新たな内部組織（課など）を設ける場合は教育委員会規則に明記する必要があります。

また、職員数を増やす場合は、職員定数条例に規定する定数の範囲内かどうかを確認しましょう。仮に定数を超えてしまう場合は、条例の改正が必要となるため、早い段階から関係機関と調整する必要があります。

1 3 ◎…首長部局出身者と教員出身者

▶▶ 教育委員会事務局に配置される職員は、大きく3種類

教育委員会事務局は、教育という専門性を有する職務を負っている教育委員会の性質上、様々な職員で構成されています。

具体的には地方教育行政法18条1項及び2項により、主に①指導主事、②事務職員、③技術職員を置くこととされています。

■地方教育行政の組織及び運営に関する法律

（指導主事その他の職員）

第18条　都道府県に置かれる教育委員会（以下「都道府県委員会」という。）の事務局に、指導主事、事務職員及び技術職員を置くほか、所要の職員を置く。

2　市町村に置かれる教育委員会（以下「市町村委員会」という。）の事務局に、前項の規定に準じて指導主事その他の職員を置く。

3～9　（略）

このうち、事務職員と技術職員は、比較的馴染みのある用語であり、その職務もイメージしやすいでしょう。

しかし、首長部局から異動してきた職員（以下「行政職員」といいます）にとって「指導主事」はなかなか馴染みのない用語ではないでしょうか。

教育委員会事務局において業務を適正に行うには、この「指導主事」とは何かについて正確に理解する必要があります。

▶▶ 指導主事=学校から異動してきた教育の専門家

指導主事は、「教育に関し識見を有し、かつ、学校における教育課程、学習指導その他学校教育に関する専門的事項について教養と経験がある者」です（地方教育行政法18条4項前段）。

端的に言えば、教育という専門性を有する職務を負っている教育委員会の事務局に配属された「教育の専門家」あるいは「学校から異動した教員」といえます。

■地方教育行政の組織及び運営に関する法律

（指導主事その他の職員）

第18条　1～3　（略）

4　指導主事は、教育に関し識見を有し、かつ、学校における教育課程、学習指導その他学校教育に関する専門的事項について教養と経験がある者でなければならない。指導主事は、大学以外の公立学校（地方公共団体が設置する学校をいう。以下同じ。）の教員（教育公務員特例法（昭和24年法律第1号）第2条第2項に規定する教員をいう。以下同じ。）をもつて充てることができる。

5～9　（略）

指導主事は教員としての身分を喪失し、事務局職員として指導主事の職務に従事します。なお、「教員としての身分を喪失していること」が大きなポイントであり、これが指導主事と教員の勤務条件（時間外勤務など）の違いを生む要因となっています。

一方、地方教育行政法18条4項はもう1つの指導主事についても規定しています（同項後段）。これは、大学以外の公立学校の教員をもって指導主事に充てることができるとしています。このような指導主事は一般に「充て指導主事」と呼ばれています。

この「充て指導主事」は、教員の職務に従事しない点、指導主事の職務に従事する点で、指導主事と同じといえます。一方、教員の身分のまま指導主事となる点、人事発令上は事務局職員とはなっていないという点で異なります。そして、これらの違いがやはり大きなポイントであり、両者の勤務条件が異なる要因となります。

このように両者に差異はあるものの、指導主事（これ以降は、特段の断りがない限り「充て指導主事」を含みます）は、教員から、校長及び教員に助言と指導などを行うために転身した職員といえます。

首長部局では、事務職員と技術職員が多くを占めていることが一般的ですが、教育委員会事務局には、事務職員と技術職員のほか、指導主事という教育の専門家が従事しています。これが首長部局にはない大きな特徴の１つといえます。

指導主事は、図表１の組織例でいえば、教職員の人事などを担当する総務課、学校への指導を行う学校教育課に配属されることが多く、また、食育という観点から学校給食を担当する給食課に配属されることもあります。

▶▶ 教育委員会に指導主事が必要な2つの理由

教育の専門家や教員を学校に配置するだけではなく、教育委員会事務局に指導主事を置く理由は、大きく２つあります。

１つは、教育は専門性が高い分野であり、行政職員は、教育に関する十分な知見を持っていない場合が多いためです。もう１つは、行政職員だけでは、学校現場の実態や教職員の生の声を十分に把握できないためです。

教育委員会は、教育に関する事務をつかさどるため、各公立学校への指導監督や中長期的な計画の策定を行いますが、その事務は事務局が担います。

しかし、上記２つの理由により、指導主事がいなければ教育委員会として適切な指導や計画の策定を行うことが難しいのです。そのため、教育の専門家である指導主事の事務局配置が法律上の義務とされています。

以上から、指導主事は次のような職務を負っているといえます。

①事務局職員として、教育委員会の方針のもと、学校の営む教育活動自体の適正・活発な進行を促進するため、校長及び教員に対し助言と指導を行うとともに、教育課程、学習指導、生徒指導、教材、学校の組織編制など学校教育に関する専門的事項の指導を行う。
②学校という教育現場の代表として、自身の識見や教育現場の意見・実情をもとに、教育委員会や事務局へ適切な情報を提供し、その職務に必要な専門性を補完する。

いわば、指導主事は、教育委員会や事務局と学校現場とのつなぎ役といえるのです。

▶▶ 一般的な行政事務も当然に必要です

教育委員会事務局がその役割を果たすためには、指導主事が持つ教育の専門的知見が必要とされる一方、行政実務能力も求められます。

なぜなら、教育委員会は教育に関する事務をつかさどりますが、自治体における執行機関であり、行政機関だからです。よって、人事、財務、法制、情報公開、補助金、施設修繕などの一般的な行政事務も当然に存在します。また、社会教育として教育機関の管理運営なども必要ですし、仮に指定管理とするのであれば様々な事務が発生します。また、教育は世間の関心が高い分野であるため、その説明責任を全うするために、議会対応も不可欠でしょう。

そのため、行政実務能力に長けた行政職員もまた事務局に欠かすことのできない存在なのです。

なお、指導主事は、事務局において業務を行う以上、教育に関する専門的な業務のほか、上記のような一般的な行政事務に対応することも想定されます。

▶▶ 多様な職員から構成される事務局

このほか、教育委員会事務局には、社会教育についての専門的・技術的な指導と助言を行う職員である社会教育主事など、専門分野ないし得意分野が異なる様々な職員が配置されています。

行政職員として採用試験に合格し自治体の職員として採用され、首長部局から異動した職員の隣に、教員採用試験に合格し、教員として学校で教鞭をふるい、学校の実情や教育について精通している指導主事が座っていることは、よくあります。

このような職員の多様性こそが教育委員会事務局の最大の特徴といえます。よって、事務局職員として円滑に業務を遂行するためには、周囲の職員がどの職種であり、どのような職責を負っているのかを、まずは把握する必要があります。

そして、首長部局出身者と教員出身者から構成されるという多様性が生まれているセクションであるため、それぞれの職員の得意分野を最大限に活かす、あるいは、それぞれの苦手分野を互いに補うことを心がけなければなりません。

行政職員と指導主事。その職務は異なりますが、教育委員会の職務権限を全うするためには、双方で協力する意識が何より重要といえるでしょう。

1-4 ◎…首長部局と大きく異なる「異文化社会」

▶▶ 同じ自治体における執行機関なのに…

教育委員会は、首長部局から一定程度独立した執行機関ですが、自治体の機関として首長部局と同じように、自治法や地公法など地方行政に関する基本的な法令が適用されています。

そのため、一見すると事務処理の仕方も首長部局と同じであるように感じられるものの、実際には、首長部局と教育委員会事務局とでは、大きな違いがあります。

また、構成される職員や人事制度の差、さらには国や他の自治体との関係において、首長部局とはかなり異なる部分もあります。

▶▶ お金が使えない

事務処理上の最大の違いは「お金が使えない」ということです。

より正確にいえば、教育委員会は、たとえ、教育費として予算が編成されていたとしても、その予算を執行することはできず、契約を締結することもできません。つまり、お金を使うことも、お金を徴収することもできないのです。

しかし、実際には、補助金の支出や施設使用料の徴収などが行われていますし、広く委託契約なども行われているでしょう。

とすると、これらはすべて違法な行為なのかという不安が生じます。しかし、教育行政には多大な費用が必要であることも事実であり、一切の金銭負担なしに教育行政を行うことはできません。

実は、教育行政に関するこれら財務行為は、すべて首長の名のもとで行われることを原則としています。

■地方教育行政の組織及び運営に関する法律

（長の職務権限）

第22条　地方公共団体の長は、大綱の策定に関する事務のほか、次に掲げる教育に関する事務を管理し、及び執行する。

一～四　（略）

五　教育委員会の所掌に係る事項に関する契約を結ぶこと。

六　前号に掲げるもののほか、教育委員会の所掌に係る事項に関する予算を執行すること。

このように、予算の執行や契約の締結は、首長の権限とされており、教育委員会の権限ではありません。よって、法制度上は、教育行政に関するものであっても、予算執行や契約締結は首長部局において行うことが想定されています。

しかし、実務上は、首長から教育委員会事務局の職員に権限の委任がなされたり、事務の補助執行という扱いにしたりして、事務局職員が処理している場合がほとんどです。

多くの自治体では、これらの財務行為は首長の事務の補助執行とされています。この場合、物理的に事務処理しているのは教育委員会事務局職員ですが、正確にいえば首長の職務について、首長の指揮監督のもと処理していることに留意する必要があります。

では、予算執行や契約締結ができない教育委員会は経費を要する事務事業について全く関与できないのでしょうか。

小学校を新設するケースを例に考えてみましょう。

新たに小学校を建築する際には、多くの場合、設計委託契約や工事請負契約、工事監理委託契約を行います。これらは、教育委員会の権限の範囲外です。

しかし、決定すべきことは他にも多数あります。

どこに学校を建築するのか、その学校の通学区域はどの区域とするのか、どの程度の児童数を見込み、どの程度の規模とするのか、教室の配置はどうするのかなど枚挙に暇がありません。

このような、いわば「新学校の計画」自体は教育委員会の決定事項といえます。つまり、基本的な方針の決定自体は教育委員会の権限であり、それに沿って首長部局で必要な財務行為が行われることとなります（木田・地教行法574頁）。

▶▶ お金の流れが激しい

「お金が使えない」の次に「お金の流れが激しい」を挙げるのは、いささか矛盾しているように感じられるかもしれません。しかし、学校におけるお金の流れは「激しい」と形容せざるを得ない部分があります。

多くの方が公立学校に就学していた経験があると思いますが、学校生活では様々な集金があったのではないでしょうか。例えば、学校給食費、書道セット代、ピアニカなどの楽器代、遠足代などが挙げられます。

当時は、学校に直接お金を支払うことに全く違和感がなかったかもしれません。しかし、今考えてみると、不思議に思える部分もあるのではないかと思います。

一方、 制服や体操着などは学校が指定した業者から購入するようになっていたのではないでしょうか。そのような業者が学校に来て販売していた様子を覚えている方もいるでしょう。

やはり、今考えてみると、なぜ校内で販売ができたのか、違和感を覚えるところもあるように感じられます。

公金の支出や収入、管理は予算に基づくことが大原則です。しかし、後に触れますが、学校には、その原則の例外として「私会計」という仕組みが確かに存在し、大きな存在感を持っています。

▶▶ 人事が複雑

首長部局との違いとして、「お金」と双璧をなすのが「人事」です。特に教職員の人事は複雑です。

政令指定都市以外の市立学校や町村立学校に勤務する教職員の任命

は、その多くが、当該市町村の教育委員会ではなく、当該市町村が属する都道府県の教育委員会が行います。

都道府県の教育委員会から市町村立学校の教員として任命された教職員の給与は都道府県が負担します。そのような教職員を「県費負担教職員」といいます。

一方、特別な事情がある場合には、各市町村は、自らの負担により教職員を採用し、任命することができます。このような教職員を「市費負担教職員」といいます。

それでは、市町村教育委員会の事務局の指導主事はどうでしょうか。

充て指導主事以外の指導主事は、教員としての身分を喪失しているので、「県費負担教職員」ではなく「市費負担教職員」となります。

一方、充て指導主事は教員としての身分を喪失していないので、「県費負担教職員」のままとなります。

「県費負担教職員」は、その定数を含めて非常に複雑なため、後に触れますが、特に学校では、当該市町村の教育委員会が任命権を持たない教職員（いわば都道府県の職員）も配置されているのが一般的です。

首長部局にも、他の自治体から派遣されている職員や交流職員などがいますが、かなり少数ではないでしょうか。

しかし、教育委員会、特に学校では必ずしもそうではありません。教育委員会事務局で職務に当たる際は、教職員の人事は、自治体の垣根を超えた非常に複雑なものであることを意識する必要があるでしょう。

▶▶ 法律がいっぱいある

教育委員会事務局職員が確認すべき法律は多岐にわたり、首長部局の職員よりも多いといえます。

首長部局の職員が確認すべき法律は、地方行政の一般法である自治法、地方公務員の身分の一般法である地公法が挙げられます。そのほか、行政手続法などの通則法もあります。

一方、教育委員会事務局職員が確認すべき法律は、上記の法令に加え、教育行政組織の一般法である地方教育行政法が挙げられます。

また、教職員の身分については、地公法の特例を定めた教育公務員特例法のほか、教職員の勤務条件の特例を定めた給特法や、教職員定数やその費用負担を定めた義務教育費国庫負担法や義務標準法もあります。

さらに、教育機関に関する法律が挙げられます。

教育機関は自治法244条に規定する公の施設に該当する場合が多く、同法が適用されますが、それに加え、社会教育法や図書館法、博物館法などの個別法があります。

教育委員会事務局職員としてこれらの法律すべてに精通する必要はありませんが、少なくともそのような特例法や個別法があること自体は知っておく必要があります。

つまり、教育委員会事務局職員には、「浅く広い法律知識」が必要であるといえます。

▶▶ 関係機関が多い

関係者・関係機関が多いのも、教育委員会事務局の特徴です。既に触れたように、教育委員会事務局は多様な職員から構成されますし、さらに図書館などの教育機関も、行政職員のほか専門性の高い職員から構成されます。

また、教育委員会は独自に予算を執行したり、契約を締結したりすることができず、首長部局が行う必要があります。先ほど、新たに小学校を建築する場合を例に挙げ、計画は教育委員会、財務行為は首長と説明しました。しかし、首長部局としては、いきなり新たな学校建築の話を持ってこられ、契約と支払いだけを依頼されても、その是非を判断することはできないでしょう。

さらに、県費負担教職員（89頁）や、後述する学級編制（84頁）という制度の性質上、市町村教育委員会と都道府県教育委員会は密接に連携して業務を行っていく必要があります。

また、そもそも教育は地域のみで考えてよいものばかりではなく、国全体で考えなければならないものもあるため、国（文部科学省）との関係にも留意する必要があります。

当然、町内会やPTAなど、教育行政や学校に関係する団体も関係機関として挙げられます。

このように、教育委員会事務局職員は、その内外を問わず、様々な役割を担う関係機関が非常に多くあるといえ、職務を円滑に進めるにあたっては、綿密な連携や調整、協議などが求められます。

▶▶ 現場が「遠い」

行政機関は、企画や管理を行う「本庁」と、現場対応や窓口業務を行う「出先機関」に分けることができます。そして、人事ローテーションとして本庁と出先機関を交互に異動させることで、内部管理的な業務と事業執行の業務の双方を経験させ、育成することがよくあります。いわば本庁の苦労も現場の苦労も身をもって感じる職員が育成しやすいといえます。

しかし、特に学校についていえば、行政職員は学校で教鞭をふるうことはできないため、上記した人事ローテーションを行うことはできません。

研修や特別講座のような一時的な形で教壇に立つことはあるとしても、学級担任になることはできません。

そのため、行政職員は、教育現場の苦労を体感したくともできないといえます。

よって、事務局職員は、指導主事や学校現場にいる教職員との意見交換や情報共有を行わなければ、適切な教育行政を行うことは困難なのです。

1 5 ◎…教育委員会事務局職員に求められる力

▶▶ 幅広い知識と事務処理能力

教育委員会事務局の職員は、首長部局の職員に比べると、１人当たりに求められる業務の幅が広く、必要な知識も多いのが特徴です。

まず、教育委員会には多数の法律が適用されます。自治法や地公法は当然ですが、これらについて特例が定められている場合が多いため、教育委員会独自のルールが存在します。

また、教育委員会は首長から一定程度独立した執行機関であるため、教育委員会単独で意思決定を行う必要があります。よって、人事や労務、職員厚生、情報公開・個人情報保護、法規や訴訟、教育委員会会議の運営など、一般的な行政事務は、基本的に独自に意思決定し、執行します。

これら一般的な行政事務については、自治体の規模にもよりますが、首長部局の場合、その事務ごとに独立した課なり係を置くことがほとんどです。

しかし教育委員会事務局の場合、そのすべて、あるいは、すべてではないものの複数を、１つの課あるいは係で担っている例がよく見られます。

また、組織数としては首長部局と同じ程度であっても、職員数が少ないことも想定されます。よって、組織編制はよりシンプルとなり、１人当たりの業務の幅に差が出ることは必然かもしれません。

しかし、一般的な行政事務を適切に処理するために必要な知識量・ノウハウに職員数の多寡は関係ありません。言い換えれば、１人当たりに求められる業務の幅が広いことや職員数が少ないことを理由に間違った事務処理が許されることはありえないのです。

教育委員会事務局内あるいは教育機関から相談を受けることも日常茶飯事です。学校の教職員は教育に関しては専門家ですが、一般的な行政事務については明るくないこともあり、基本的なことからサポートしてく必要もあるでしょう。

これらに対応していくことは、決して容易ではありません。しかし、ここで得られる幅広い知識や経験、信頼は、将来的に必ず有益なものとなるでしょう。

▶▶ 法を意識して対応する力

「法治行政」や「法律による行政の原理」という言葉があります。

これは、行政は法律に従って行われなければならないという原則です。この趣旨は、行政の独断による処理を防ぐことであり、行政活動は、住民の代表者である議会の決定を経て定められた法律に基づいて行われるべきであることを意味します。

具体的には、①「行政は法律に違反してはならない」、②「住民の権利義務を制限する場合には法律を根拠としなければならない」という2点に大きく集約されます。そして、ここでいう「法律」には条例も含まれます。

また「コンプライアンス」という言葉を聞くことも多くなりました。コンプライアンスは「法令遵守」と説明されることも多く、「法治行政」と共通する面も多いといえます。

しかし、「法治行政」や「コンプライアンス」と言われても、理念としては理解できたとしても、その内容は必ずしも明確ではなく、実務上どう対応していいかわからないことも少なくありません。

「法治行政」や「コンプライアンス」を実務に反映させるとすれば、それは、業務上行おうとしていることが、どの法令のどの条項に基づくものであるのか（基づかないものであるのか）を意識するとともに、一般的な社会規範に反しないものか意識することといえます。

教育委員会は執行機関であり、事務局はその意思決定過程に関わります。また、繰り返し述べているように、教育行政に関する法令は多数あります。

例えば、教育機関である公民館の利用者から営利行為を行ってよいかとの相談があったとしましょう。また、教育財産の使用料についての減免申請もなされたとします。

このような場合、公民館における営利行為については社会教育法23条やその設置条例、教育財産の使用料の減免については各自治体の財産条例等により判断することとなります。

特に調べることもなく、前例や個人的な認識のみで自由に対応することは、「法治行政」や「コンプライアンス」の観点から大きな問題があることを認識する必要があるでしょう。

地方教育行政法24条において「事務処理の法令準拠」を明記していることや、教育委員会のみ適用される法令も多いことから、「法治行政」や「コンプライアンス」は非常に重要なものといえます。

▶▶ 関係機関と調整する力

先ほど法治行政について触れましたが、教育委員会における法治行政の「法」には条例や教育委員会規則なども含まれます。

一方、たとえ教育行政に関する条例の制定であっても、首長が議会に提案し、議会で可決されることにより成立します。教育委員会は、あくまでも教育委員会としての条例原案を首長に提出することしかできません。

実務的には、教育委員会事務局職員と首長部局の担当部署（法制担当）が事前に調整しています。当然、その前提として、教育委員会事務局内で調整がなされている必要があります。

また、条例以外でも、何かを行おうとする場合には、内外を問わず多数存在する関係機関との調整が不可欠です。

まず、教育委員会の内部の関係機関としては、教育機関が挙げられます。前項で述べたとおり、事務局の行政職員にとって教育現場は遠く、学校が抱える課題や学校における問題は、なかなか把握できません。また、学校で新たな事務が発生する場合には、事前に説明する必要があります。

そこで、まずは指導主事から情報を得ながら、学校などから詳細な情報を得たり、説明したりする必要があるでしょう。

次に、教育委員会事務局の外部であって同じ自治体内の関係機関としては、先に挙げた法制担当のほか、新たに予算が必要となった場合は財政担当、教育機関の大規模修繕が必要となった場合は契約担当や建築担当、体育館を改築する場合は危機管理担当、職員を増やす場合には定数管理担当などが挙げられます。

最後に、教育委員会事務局の外部としては、国や別の自治体が挙げられます。特に市町村教育委員会と都道府県教育委員会の結びつきは、首長部局間よりも深いといえます。

県費負担教職員をはじめ、教科書の選定や就学事務など、市町村教育委員会と都道府県教育委員会は一緒に業務を遂行しなければならない場面があります。

教育委員会事務局職員には、このような他の機関と調整していく力が求められます。調整のポイントは、５つあります。

１つ目は、事前に行うことです。

調整の目的は「あらかじめ相手方の合意を得ること」にほかなりません。時と場合にもよりますが、後になって「何も聞いていなかった」というのでは、さすがに問題です。

２つ目は、相手方の立場を知ることです。

調整を要する機関が多いということは、それだけ説明する人・説明を受ける人が多様だということです。特に指導主事や教職員の場合は、得意分野が明らかに異なります。そういった差異を意識して対応する必要があるでしょう。

３つ目は、相手に応じた対応を心がけることです。

例えば、複数の関係機関に同じ事柄を説明する場合に、全く同じ資料ではなく、基本的資料と説明用概要メモを作成し、後者については、説明する相手方によって内容を変えることが有効な場合があります。

４つ目は、「問題」を共有することです。

問題意識を共有できれば、「進む方向」は同じになります。逆に、こちら側が「解決すべき問題である」と認識しているものについて、相手方が「それは何ら問題ではない」との認識を示すのであれば、なぜそういえるのか教えてもらいましょう。

5つ目は、「譲れないライン」を明確にすることです。

たとえ問題意識を共有できたとしても、「そこまで必要なのか？」と疑念を持たれる場合もあり、こちらの要望に相手方が100％応じてくれることはむしろ稀でしょう。100％にこだわるのは必ずしも得策ではありません。あらかじめ「譲れないライン」を明確にしておくことも必要でしょう。

当然ですが、この「譲れないライン」もまた、上司などとの調整により決定されている必要があります。

▶▶ 教育現場をサポートする力

学校などの教育現場は日々様々な課題に直面しています。

そして、19頁で触れたように、教育委員会事務局の職員の大きな役割として、教育を実践している学校などの教育機関を適切にサポートすることが挙げられます。

このサポートを行うためのポイントは、次のとおりです。

第一に挙げられるのは「制度・問題点などの正確な理解」です。

学校制度など教育行政に関する制度は複雑です。首長部局とは別の世界といっても過言ではありません。よって、まずは制度理解が必要です。

また、学校などの教育現場の状況などを理解する必要があります。主に相談を受けた場合が該当しますが、何が問題となっているのか、教育現場の意見や対応はどうなのかなどを聞き、理解する必要があります。

第二に挙げられるのは「わかりやすい説明」です。

「事務連絡として送付しましたが……？」「読んでいません」。

このようなやりとりは決して少なくありません。

様々な連絡文書を学校宛てに発出することはよくあると思います。

しかし、特に学校現場における教職員は多忙であることが多く、また、一般的な行政実務に精通しているとは限りません。こうした状況で、事務局から学校宛てに事務処理上の連絡文書を発出したとしても、その文書が浸透しているとは限りません。

連絡文書を読まないことも課題かもしれませんが、その前に「読まれる文書」を作成する必要性もあるでしょう。

文字のみで埋め尽くすような文書ではなく、絵や写真、入力画面のハードコピーなどを用いた、見ただけで理解できるような工夫が必要です。

それは、国などから送付された文書をそのまま転送するのではなく、わかりやすく工夫した独自の資料を作成し、併せて送付することも含まれます。

そのためには、文書を発出する側、すなわち事務局職員が制度を十分に理解していることが求められます。

第三に挙げられるのは「的確な見極め」です。

例えば、29頁で触れた学校における「私会計」はなかなか難しい位置付けといわざるを得ません。しかし、なぜそのような扱いをしているのかをまずは理解したうえで、対応する必要があるでしょう。

問題を指摘するだけなら、比較的簡単です。そうではなく、教育現場の事情に照らし、どこまでが許容されるのか、あるいは許容されないのか、どう工夫すればよいのか、という見極める力が求められます。

第四に挙げられるのは「指摘にとどまらない解決策の提示」です。

学校現場で行われていることに常に全く問題がないかと言われれば、残念ながらそうではないこともあるでしょう。保護者とトラブルとなったとの相談を受けた場合でも、教育現場の意見や対応を確認し、その対応に問題があるのであれば、明確に指摘することも必要です。

また、問題を指摘するだけでなく、そのうえで、どう工夫すれば問題がなくなる、あるいは薄くなるのかを考えることも、必要な力です。

そして、これらの力は、どの部署に異動したとしても活用できる力といえます。

第2章

教育委員会の制度と仕組み

2 1 ◎…議会と首長の二元代表制

▶▶ 二元代表制

自治体は様々な機関から構成されています。そして、教育委員会は、自治体を構成する執行機関の１つですが、そもそも自治体とはどのようなカタチをしているのでしょうか。

まず、自治体は、議事機関と執行機関とに大きく類別されます。

■日本国憲法

第93条　地方公共団体には、法律の定めるところにより、その議事機関として議会を設置する。

2　地方公共団体の長、その議会の議員及び法律の定めるその他の吏員は、その地方公共団体の住民が、直接これを選挙する。

この憲法の規定から明らかなように、自治体に議事機関としての議会を置くことは憲法上の要請となっています。また、自治体に長（首長）を、議会に議員を置き、それぞれ住民からの直接選挙により決定されることが憲法において規定されています。

このように、首長と議員とが住民による直接選挙によって決定される仕組みを「二元代表制」と呼びます。

そして住民を代表する首長と議会がそれぞれ対等の機関として、適度な緊張関係を保ちつつ、自治体の運営の基本的な方針に関する議論、執行の監視などを通じて自治体を運営することが、二元代表制の趣旨といえます。

▶▶ 自治体のカタチ

自治体のカタチについてより詳細に定めているのは自治法です。具体的には、自治法の６章で議会、７章で首長を含めた執行機関について規定されており、概観すると、図表２のようになります。

図表２　自治体のカタチ

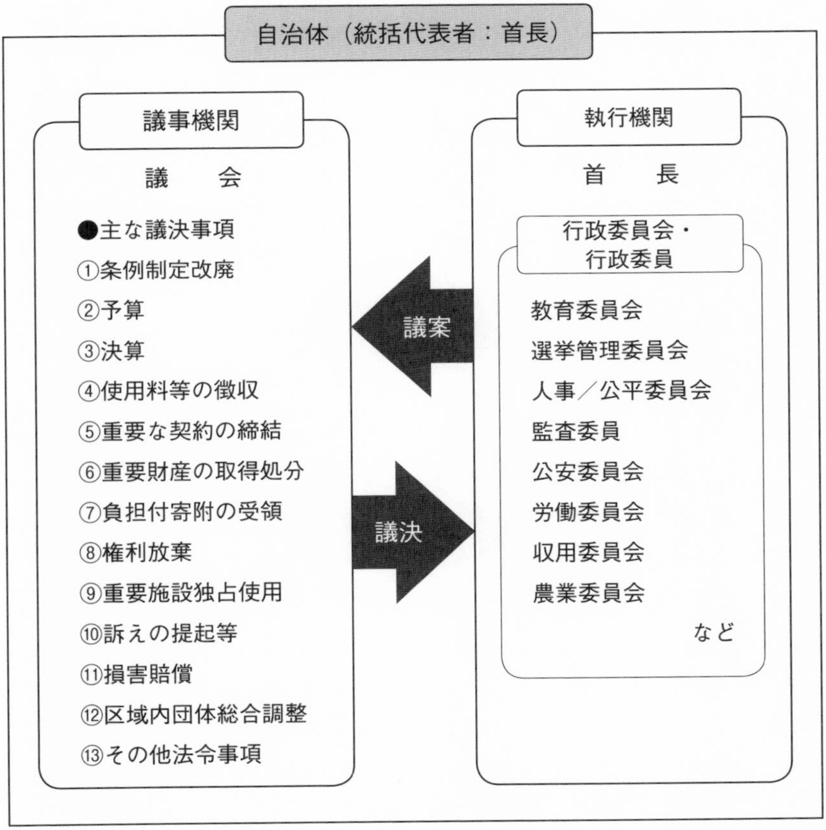

自治体（統括代表者：首長）

議事機関

議　　会

●主な議決事項
①条例制定改廃
②予算
③決算
④使用料等の徴収
⑤重要な契約の締結
⑥重要財産の取得処分
⑦負担付寄附の受領
⑧権利放棄
⑨重要施設独占使用
⑩訴えの提起等
⑪損害賠償
⑫区域内団体総合調整
⑬その他法令事項

議案

議決

執行機関

首　　長

行政委員会・行政委員

教育委員会
選挙管理委員会
人事／公平委員会
監査委員
公安委員会
労働委員会
収用委員会
農業委員会
など

なお、図表２では「首長」が二度登場しています。当然、自治体の首長は１人です。なぜ二度登場するかというと、首長は、執行機関であるとともに、自治体の統括代表者としての性格を持っているためです（宇賀・自治法概説311頁）。このことは、教育委員会事務局における業務において大きな意味を持っています。

そして自治法138条の4や180条の5が行政委員会・行政委員の設置の根拠規定であり、教育委員会はすべての自治体に設置することとされています。

■地方自治法

第138条の4　普通地方公共団体にその執行機関として普通地方公共団体の長の外、法律の定めるところにより、委員会又は委員を置く。

②・③（略）

第180条の5　執行機関として法律の定めるところにより普通地方公共団体に置かなければならない委員会及び委員は、左の通りである。

一　教育委員会

二～四（略）

②～⑧（略）

なお、事務の効率性や経費節減の観点などから、執行機関の共同設置や、その事務局・内部組織の共同設置が可能です（自治法252条の7など）。実際に、教育委員会を複数の自治体で共同設置している例は多数あります。

共同設置されたとはいえ、本来の自治体から独立した執行機関ではありません。通常どおり、共同設置したすべての自治体に対して、それぞれ本来の責務を全うする必要があります。

▷▷ 議会と首長の関係

首長は、すべての議案を議会へ提出する権限を持っています。そのため、教育委員会に関係する議案であっても、教育委員会が提出するのではなく、首長が提出することになります。

■地方自治法

第149条　普通地方公共団体の長は、概ね左に掲げる事務を担任する。
　一　普通地方公共団体の議会の議決を経べき事件につきその議案を提出すること。
　二～九　（略）

このほか、首長は議会の招集権などを持っています。

一方、議会は首長に対して、議決権、検査権、監査請求権、調査権、不信任決議、議場への出席要求など様々な権限を有しています。

さて、首長が提案した議案のすべてが議会において可決・承認されるとは限りません。議案が否決あるいは一部修正されることもあります。そして、そのような議会の議決（否決を除く）に異議がある場合は、首長は一定期間内に再議に付することが「可能」です（自治法176条1項～3項）。

図表3　再議の区分け

議案の内容	再議の内容
条例の制定改廃 予算	出席議員の３分の２以上の議員の同意により当初の議決と同じ結果となった場合は、その結果が確定する
上記以外の議案	当初の議決と同じ結果となった場合は、その結果が確定する

なお、予算について補足すると、①義務的経費や、②非常災害時の復旧費・感染症予防経費について、仮に議会が削除・減額した場合は、首長には再議に付する「義務」が生じます。

そして、再度、議会がそれら予算を削除・減額した場合は、①については、削除・減額前の予算が成立したとして執行できますが、②については、首長は議会からの不信任の議決とみなすことができます（自治法177条）。

さて、議決事項とされているものは議会に提案してその議を経る必要がありますが、一定の場合は首長の権限で決定することができます。これを「専決処分」といい、２種類のものが法定されています。

１つは議会を招集する時間がない場合などに行う専決処分です（自治法179条）。この場合は直後の議会で承認を求める必要があります。仮にその承認を得られなかった場合は、首長の政治責任の問題は生じうるものの、専決処分自体が無効となるわけではありません。

もう１つは、内容が軽微であるなどの理由によりあらかじめ指定した事項についての専決処分です（自治法180条１項）。この場合は、直後の議会の承認を得る必要はなく、報告を行う必要があります（同条２項）。

▶▶ 議会の流れと対応のポイント

自治法は、議会と首長の関係やそれらの権限については詳細に定めている一方、教育委員会などの行政委員会と議会との関係についてはほとんど定めていません。教育長の議場への出席義務など一部の規定が存在するのみです。

しかし、教育委員会も自治体の一角を担う執行機関である以上、事務局職員は、自治体として意思決定するプロセスや何が議決事項であるのかなどについて理解しておく必要があります。

また、議会の招集や議案の提出は首長が行うとはいえ、議会対応を首長部局にすべて任せてよいわけではありません。特に教育委員会に関連する議案の説明は、実務的には教育委員会事務局の職員が担うことが一般的です。

そこで、事務局職員として知っておくべき議会対応のポイントについて、議会の大まかな進行状況に応じて概説します。

①首長による招集

議会の招集は告示することにより行われます。そして招集後に議案が各議員に公式に配布されます。教育関係の議案が提出されている場合には、遅くとも招集を告示する日までにはいつでも説明できる体制を整えておく必要があるでしょう。

②質疑・質問と通告

議会は執行機関へ質疑・質問を行うことができます。

質疑とは「特定の議案に関するもの」、質問とは「行政全般に関するもの」とされています。そして、質疑・質問の場合にはあらかじめその内容などを通告するのが一般的です。そのうえで、答弁調整が行われます。

議会からの質疑・質問に対する答弁は、執行機関としての「公式見解」であり非常に重要なものです。その作成にあたっては、関係機関と十分調整し、合意を得ておく必要があります。

特に教育現場に関するものについては、指導主事や教育機関の職員などとの調整により、およそ教育現場では実行困難なことや教育現場の意見と乖離する内容にならないようにする必要があります。

また、議員は、その質問・質疑を通じて「シナリオ」を描いていることもあります。そのため、議員と接触する機会がある場合は、その議員が描いているシナリオ（全体像）を把握することも必要でしょう。

③委員会への付託

首長が提案した議案は、 議会から委員会へ付託されるのが一般的です。すべての議案について全議員が出席する議会の本会議で審議するのは非効率な面もあるため、分野ごとに設置した委員会に、分野に合致した議案を割り振り、委員会で集中的に審査します。

教育行政に関する議案も、それを担う委員会（「教育社会委員会」など名称は自治体により様々です）に付託されます。

そして、その委員会で議案の審査を行いますが、その際に執行機関の職員が出席して説明したり、質問に答えたりする必要があります。

委員会は分野ごとに設置したものであるため、議案審査は、本会議よりも突っ込んだ質疑が行われることが多く、執行機関は入念に準備する必要があります。

④本会議での議決

委員会では審査が終わると採決が行われますが、この採決により議案の可否が決定されるわけではありません。委員会における採決は、あくまで「本会議において可決すべきかどうか」を決するものにすぎず、最終判断は、委員会の意見（報告）を踏まえて、本会議で行われます。

さて、このような議会の流れにおいては、先に触れた二元代表制の趣旨や、各議員は住民から直接選挙された代表であるという立場を考慮し、丁寧な対応を心掛ける必要があります。

また、一般職の職員とは異なり、議員には法律上の守秘義務はありません。よって、説明した内容がどこに伝達されても問題ないように、資料は、わかりやすく、かつ正しい内容である必要があるとともに、対外的に公表されても問題がないものである必要があります。

さらに、各議員から資料要求がなされることもあります。各議員が必要とする資料を提供することで議案審査などがスムーズに進むことも想定されます。

一方で、法的に調査権などを持っているのは議会であり、各議員ではないため、各議員からの資料要求に強制力はありません。そこで、各議員から資料を要求された場合は、上司などと相談し、他の議員への対応とのバランスを考慮して、提供するかどうかを決定する必要があります。

また、法令の根拠なく個人情報などを提供することはできません。議員からの資料要求であったとしても、それが個人情報に関するものである場合は、丁寧に説明し、理解してもらうほかありません。

教育行政は市民生活に密着しており、住民の関心も高い分野のため、議会においてトピックになることも少なくありません。一方で、指導主事などは議会対応に不慣れであることもよくあるでしょう。

教育行政を円滑に進めるには、丁寧に各議員の理解・納得を得て、教育委員会を後押ししてもらえるような信頼関係を築くことが理想といえるでしょう。

2 ◎…執行機関多元主義

▶▶ 執行機関多元主義

住民から直接選挙で選ばれた首長のほか、首長から一定程度独立した執行機関として行政委員会や行政委員を別に設置することを「執行機関多元主義」といいます。

都道府県・市町村を問わず、すべての自治体に設置されている執行機関は、教育委員会のほか、選挙管理委員会、人事委員会（公平委員会）、監査委員があります。

一方、都道府県のみに設置されている執行機関は、公安委員会、労働委員会、収用委員会、海区漁業調整委員会、内水面漁業管理委員会です。市町村のみに設置されている執行機関は、農業委員会、固定資産評価審査委員会です。

なお、自治法138条の4では「法律の定めるところにより、委員会又は委員を置く」とされていることから、自治体独自に別の執行機関を置くことはできないとされています。

執行機関多元主義を採用している理由を端的にいえば、首長への権力集中を防止し、それぞれの機関に一定程度の独立性を認め、自治体としての行政運営の中立性を確保するためです。

監査委員を例に挙げると、わかりやすいでしょう。

監査委員は、自治体の支出などの財務事項や経営状況をチェックする機関です。具体的には、毎年、定期監査を行います。住民監査請求なども担当しており、いわば首長の「お目付け役」です。

この役割を適切に執行するためには、首長から一定程度独立していることが何よりも求められます。

▶▶ 首長と行政委員会・行政委員との関係

行政委員会・行政委員は首長から「一定程度」独立した機関ですが、完全に独立しているわけではありません。また、執行機関が複数あるとすれば、各執行機関がバラバラになってしまい、事務処理の円滑性が損なわれたり、自治体として整合性が図れなかったりする可能性があります。

そこで、自治法には、首長と執行機関の関係についていくつかの規定を置いています。

■地方自治法

第138条の3　普通地方公共団体の執行機関の組織は、普通地方公共団体の長の所轄の下に、それぞれ明確な範囲の所掌事務と権限を有する執行機関によつて、系統的にこれを構成しなければならない。

②　（略）

③　普通地方公共団体の長は、当該普通地方公共団体の執行機関相互の間にその権限につき疑義が生じたときは、これを調整するように努めなければならない。

第147条　普通地方公共団体の長は、当該普通地方公共団体を統轄し、これを代表する。

第180条の4　普通地方公共団体の長は、各執行機関を通じて組織及び運営の合理化を図り、その相互の間に権衡を保持するため、必要があると認めるときは、当該普通地方公共団体の委員会若しくは委員の事務局又は委員会若しくは委員の管理に属する事務を掌る機関（以下本条中「事務局等」という。）の組織、事務局等に属する職員の定数又はこれらの職員の身分取扱について、委員会又は委員に必要な措置を講ずべきことを勧告することができる。

②　（略）

しかし、これらの規定には「指示」はおろか「指導」という文言もありません。自治法180条の4に「勧告」という文言はあるものの、法的な拘束力はありません。

多くの自治体では水道事業といった公営企業を経営していますが、その代表者である公営企業管理者は、自己の名前で契約を締結することができるなど幅広い権限を持っています。一方で首長は、一定の場合に限り、公営企業管理者に対し、必要な指示をすることができます（地方公営企業法16条）。

このような「指示権」と同じものは、首長と教育委員会などの執行機関との関係においては、少なくとも自治法上は、存在しません。

つまり、他の執行機関の権限とされているものについては、監督権や指示権など、首長に具体的な権限が自治法上は付与されておらず、あくまでも、各執行機関に関する個別法に委ねられているといえます。

よって、首長と教育委員会との関係を正確に理解するためには、教育委員会制度や、教育委員会に関する法律等を理解する必要があります。

なお、自治法148条は「普通地方公共団体の長は、当該普通地方公共団体の事務を管理し及びこれを執行する」と規定しています。

これにより、首長は、自治体の事務について広く管理執行権限を有しており、法令により教育委員会など他の執行機関の権限とされている事務以外の事務については、首長が、その権限として処理するとされています。

要するに、教育委員会など首長以外の執行機関の職務は必ず何らかの根拠が必要であり、そのような根拠がない職務は、首長が処理することが原則となります。

2|3 ◎…教育委員会制度の意義

▶▶ 教育委員会のルーツ

監査委員は首長のお目付け役であることから、首長から一定程度独立している必要性は理解できます。首長の選挙を管理執行する選挙管理委員会はよりわかりやすいかもしれません。

では、なぜ教育委員会は必要なのでしょうか。

言い換えれば、なぜ教育行政は首長の職務ではないのでしょうか。

結論からいえば、教育委員会制度の意義は、①教育について政治的中立性を確保すること、②教育の継続性・安定性を確保すること、③地域住民のニーズを反映すること、の３点にあります。

教育委員会のルーツは第二次世界大戦終戦後、すなわち戦後の教育改革まで遡ります。その際に重要視されていたのは、戦前の軍国主義的な教育や極端な国家主義的思想の普及の禁止などです。

そのために提唱されたのが、教育行政の地方分権化、選挙により選出された者によって構成される地方教育行政機関の設置、その機関による教育的指導者の任命です。

要するに、戦前の教育の反省を活かして教育が政治から影響されないよう設けたものが教育委員会制度といえます。

そして、教育の民主化、教育の地方分権化、教育の自主性の保障という基本的な考え方をもとに昭和23年に教育委員会制度が創出されました。

なお、教育基本法では教育の政治的中立が明記されています。

■**教育基本法**

（政治教育）

第14条　良識ある公民として必要な政治的教養は、教育上尊重されなければならない。

2　法律に定める学校は、特定の政党を支持し、又はこれに反対するための政治教育その他政治的活動をしてはならない。

つまり、特定の党派の影響を受ける可能性があり、かつ独任制である首長から一定程度独立性を持たせることで、教育に対する政治的中立性を保持する機関が教育委員会となります。

なお、戦後しばらくの間、教育委員は、首長と同様、公選によって決定されていましたが、昭和31年に、やはり教育の政治的中立の観点から、公選ではなく、首長が議会の同意を得て任命する方式に変更されています。

また、教育長や教育委員の任期は法律で決定されており、仮に首長が選挙で変わったとしても、それにより自動的に教育長や教育委員が変更されることはありません。よって、長期的に安定した教育行政が可能となります。

▶▶ 教育委員会の組織とレイマン・コントロール

教育委員会は、１名の教育長と４名の委員（教育委員）から構成されますが、自治体の判断により、地域住民の意向の反映や事務の能率性の観点から、教育委員の数を増減させることが可能です。

■**地方教育行政の組織及び運営に関する法律**

（組織）

第３条　教育委員会は、教育長及び４人の委員をもつて組織する。ただし、条例で定めるところにより、都道府県若しくは市又は地方公共団体の組合のうち都道府県若しくは市が加入するものの教育委員会にあつては教育長及び５人以上の委員、町村又は地方公共団体の組合のうち町村のみが加入するものの教育委員会にあつては教育長及び２人以上の委員をもつて組織することができる。

このように、教育委員会は教育長と複数の教育委員から構成される合議制の執行機関です。よって、教育委員会として意思決定をする場合には、その会議を開催し、決定する必要があります。

事務局職員の視点で見ると、教育委員会の決定を得なければならない事項については、議案として教育委員会の会議に提出し、その決定を得る必要があります。事務局職員は、後述する委任や専決権限がなければ、教育委員会の決定なくしては何もできないのです。

さて、教育委員会の構成する教育長や教育委員はどのような人が任命されているのでしょうか。

詳細は後に触れますが、教育長は教育行政に関し識見を有するものから、教育委員は教育、学術及び文化に関し識見を有するものから、それぞれ任命されます。

このように、教育長と教育委員とはやや資格要件が異なるものの、特に教育委員については、地域住民としての教育を含む広い識見に基づき教育行政について判断できる人が望まれており、必ずしも教育行政に関する専門家ではある必要はないとされています。

このような、地域住民に近い教育委員から構成される教育委員会が、教育行政に関する職員から構成される事務局を指揮監督する仕組みを「レイマン・コントロール」といいます。

レイマン・コントロールは、地域住民の意向やニーズを反映しやすくなることが大きなメリットです。また、教育の政治的中立性もより担保しやすいといえます。

2-4 ◎…教育委員会と首長の職務分担と調整

▶▶ 教育委員会の職務権限

教育委員会の職務権限は、地方教育行政法21条に列挙されています。

①教育機関の設置、管理及び廃止
②教育財産の管理
③教育委員会及び教育機関の職員の人事
④就学、入学、転学及び退学
⑤学校の組織編制、教育課程、学習指導、生徒指導及び職業指導
⑥教科書、教材の取扱い
⑦校舎などの施設及び教具などの設備の整備
⑧教育関係職員の研修
⑨教育関係職員や生徒、児童及び幼児の保健、安全、厚生及び福利
⑩教育機関の環境衛生
⑪学校給食
⑫青少年教育、女性教育及び公民館の事業その他社会教育
⑬スポーツ
⑭文化財の保護
⑮ユネスコ活動
⑯教育に関する法人に関すること。
⑰教育に係る調査及び基幹統計その他の統計
⑱広報及び所掌事務に係る教育行政に関する相談
⑲その他自治体内における教育に関する事務

▶▶ 教育に関する首長の職務権限

一方、教育に関する事務であっても、首長の職務権限とされているものも一部あります。教育委員会事務局職員が実務を行う際は、その理由を含めて理解することがより重要です。

キーワードとしては「自治体としての調和」が挙げられます。

教育行政は教育委員会が首長から一定程度独立した機関として自主的に執行することを基本としています。しかし、あまりにも独立性や自主性が強調されると、自治体としての調和が乱れ、首長と教育委員会が対立することにもなりかねず、実務が円滑に進まない可能性があります。

そうなれば、長期的に安定した教育行政自体が覚束なくなり、結果的に教育そのものに不利益な影響が出るおそれもあります。

そのため、地方教育行政法では、首長に教育行政に関わる様々な権限を付与し、一般行政と教育行政の調和を図ろうとしています。

まず1つは、教育大綱の策定です。

■地方教育行政の組織及び運営に関する法律

（大綱の策定等）

第1条の3　地方公共団体の長は、教育基本法第17条第1項に規定する基本的な方針を参酌し、その地域の実情に応じ、当該地方公共団体の教育、学術及び文化の振興に関する総合的な施策の大綱（以下単に「大綱」という。）を定めるものとする。

2・3　（略）

4　第1項の規定は、地方公共団体の長に対し、第21条に規定する事務を管理し、又は執行する権限を与えるものと解釈してはならない。

教育大綱とは、自治体の教育や学術、文化の振興に関する総合的な施策について、その目標や方針を定めるものです。

教育大綱は、教育行政について地域住民の意向を一層反映させるために首長が策定します。制度上は、その内容について首長と教育委員会が合意することを条件としていないものの、実務上は、首長部局の職員と教育委員会事務局の職員とで協議・調整したうえで策定されることが通例です。

地方教育行政法１条の３第４項のとおり、首長には教育大綱を根拠とした管理権や執行権があるわけではなく、また、仮に、首長と教育委員会とで調整できなかった内容が教育大綱に定められたとしても、教育委員会はその内容を尊重する義務はないとされています（木田・地教行法94頁）。

首長と教育委員会は、合意に至った教育大綱を尊重する義務がありますが、法的な拘束力はありません。しかし、結果的に教育大綱に定めた目標等と異なった場合はさておき、意図的に教育大綱に沿わないものである場合は、政治的な責任問題ともなりうるため、教育大綱を念頭において業務を行う必要があるといえます。

また、教育大綱のほかに、地方教育行政法22条に次の６項目が首長の権限として列挙されています。

■地方教育行政の組織及び運営に関する法律

（長の職務権限）

第22条　地方公共団体の長は、大綱の策定に関する事務のほか、次に掲げる教育に関する事務を管理し、及び執行する。

一　大学に関すること。

二　幼保連携型認定こども園に関すること。

三　私立学校に関すること。

四　教育財産を取得し、及び処分すること。

五　教育委員会の所掌に係る事項に関する契約を結ぶこと。

六　教育委員会の所掌に係る事項に関する予算を執行すること。

このとおり、教育であっても、大学や幼保連携型認定こども園、私立学校については教育委員会の職務権限の範囲外です。

実務上重要なものは４号～６号の３つです。契約と予算執行については、既に触れたとおりであり、首長は強い牽制力を有しています。

一方、教育財産とは、教育の用に供する行政財産であり、校舎や学校用地などが代表例です。教育財産の管理は教育委員会の職務権限ですが、その取得と処分は首長の職務権限です。

「管理」とは具体的には適切な保存・利用のことを、「取得」とは土地の購入など取得することを、「処分」とは土地の売却などの行為をいいます。

なお、どのような財産を取得するか、どこの財産を取得するかを決定すること自体は、教育委員会の職務権限とされています。その決定を経て教育委員会から首長に対し、その取得を申し出ることとされています(地方教育行政法28条2項)。

取得の契約などは首長の権限としつつ、教育財産の管理を教育委員会の職務権限としたのは、実際に使用している当事者を管理者としたほうが効果的であるためです。

取得から処分までの大まかなフローは次のとおりです。

①学校用地など財産の取得の決定（教育委員会）
②契約等により財産の取得（首長）
③首長から教育委員会への財産の引継・教育財産化
④教育財産の管理（教育委員会）
⑤教育財産としての用途廃止（教育委員会）
⑥教育委員会から首長への財産の引継
⑦財産の処分（首長）

なお、教育財産は行政財産であって普通財産ではないことから、教育委員会が普通財産を管理することはありません。

よって、教育財産の用途廃止を行い、普通財産とした後は、教育委員会にはできることが何もないため、その適切な管理という観点から、速やかに首長に引き継ぐ処理を行う必要があります。

このほか、教育委員会と首長の関係に限ったものではありませんが、条例案など議会の議決を必要とする議案の提出や、予算の調製・執行などは首長の権限とされています（自治法149条）。

▶▶ 教育に関する職務権限の特例

地方教育行政法上は教育委員会の職務権限とされているものであっても、次の事務については、各自治体の条例で定めることにより、首長の職務権限とすることができます（地方教育行政法23条）。

①特定社会教育機関の設置、管理及び廃止に関すること
②スポーツに関すること（学校の体育は除く）
③文化に関すること（文化財の保護は除く）
④文化財の保護に関すること

これらは、教育行政に関するものではあるものの、地域振興などの「まちづくり」という側面もあることや、政治的中立性などの要請が比較的低いこともあり、首長が一元的に執行することを可能とするものです。

当然、これらすべてを首長の職務権限とする必要はなく、各自治体の判断により、任意に選択することが可能です。

特に①については、例えば複数ある図書館のうちの１つとするなど、各自治体が設置する教育機関の一部についてのみ首長の職務権限とすることも可能であり、立地場所や合築の有無など、各教育機関の実情に即して判断することが可能といえます。

▶▶ 首長と教育委員会との調整

先ほど触れたとおり、予算の調整や予算案の議会への提出は首長の権限です。そして、教育行政に関する予算も同様です。これにより、首長は強い牽制力を有しており、一般行政と教育行政との調整、つまり財政運営の一体性が確保されているといえます。

しかし、仮に、このような予算案については教育委員会が何も関与できないのであれば、教育行政の政治的中立性などが脅かされかねません。

そのため、首長は、教育に関する事務について定める議案を作成する場合には、教育委員会の意見を聞く必要があるとされています（地方教

育行政法29条)。

この規定は、首長に義務を課したものですが、教育委員会事務局職員としては、首長部局と連絡を取り合いながら、議会にどのような議案が提出されようとしているのか把握する必要があるでしょう。

また、例えば教育に関する条例案の作成などは、実務上は、事務局職員と首長部局の職員とが早い段階から調整等を行い、首長に議会提案等を依頼することが一般的です。

さらに、職員の給与、特に特別職である教育長の報酬は、首長の報酬の改定に連動して見直されることも多いため、首長部局と連絡を取り合いながら、首長の報酬の動向を注視しておく必要があります。

次に、首長と教育委員会との調整の場として「総合教育会議」が挙げられます。いじめ問題への対応などにおいて、自治体を代表する首長と教育行政を執行する教育委員会との間の意思疎通が十分ではない実情があったことを受け、平成27年に設けられたものです。

■地方教育行政の組織及び運営に関する法律

(総合教育会議)

第1条の4　地方公共団体の長は、大綱の策定に関する協議及び次に掲げる事項についての協議並びにこれらに関する次項各号に掲げる構成員の事務の調整を行うため、総合教育会議を設けるものとする。

一　教育を行うための諸条件の整備その他の地域の実情に応じた教育、学術及び文化の振興を図るため重点的に講ずべき施策

二　児童、生徒等の生命又は身体に現に被害が生じ、又はまさに被害が生ずるおそれがあると見込まれる場合等の緊急の場合に講ずべき措置

2～9　(略)

総合教育会議は首長が招集する会議であり、首長の諮問機関や附属機関ではありません。

総合教育会議の構成員は、首長と教育委員会(つまり教育長と教育委員)となります。その目的は、教育大綱に関する調整や、自由な意見交換による協議を通じ、首長と教育委員会が意思疎通を行い、教育課題な

どを共有することにあります。

調整・協議事項は、教育委員会の職務権限に関するもののみではありません。認定こども園などの保育や児童虐待への対応など首長の職務権限に関するものも想定されています。また、外国人への一般的な施策と外国人教育行政との擦り合わせなど、執行機関間の縦割りが存在するのであれば、それを打破するきっかけの場とすることも可能です。

また、予算編成権は首長にあることから、当初予算要求事務を行う前に総合教育会議を開催し、教育行政における主要課題について協議を行ったうえで、予算要求事務を行うことも想定され、その場合は、開催する時期も検討すべき事項といえます。

しかしながら、何でも総合教育会議の俎上に載せることが可能というわけではなく、教科書の採択、教職員の具体的な人事など高い政治的中立性が必要とされる事項は、協議事項にはふさわしくないとされています（木田・地教行法99頁）。

よって、教育委員会事務局職員は、総合教育会議を行う目的や、何について調整・協議を行うのか、首長部局の職員とあらかじめ情報交換を行い、調整・協議事項や開催時期について、調整する必要があります。

なお、総合教育会議は何かを決定する場ではないものの、調整・協議が一致した場合は、その事項について双方とも尊重することが期待されています。一方、協議が一致しなかった場合は、それぞれが自らの職務権限を遂行していくことになります。

また、総合教育会議は、個人情報を保護する必要がある場合や公益上非公開とすべき事項である場合を除き、公開で行うこととされているため、傍聴席が確保できる場所で行うとともに、その告知の仕方にも配慮が必要といえるでしょう。

2 5 ◎…教育長

▶▶ 教育長とは

教育長は、教育委員会の構成員であるとともにその代表者であって、事務局の事務を統括する立場にある、常勤の特別職です。その勤務条件等は条例で定められています。

教育長以外の教育委員は非常勤の特別職であるため、決裁などの実務を処理することは困難ですが、教育長は常勤であるため、教育委員会の権限の多くを委任され、主に重要な案件について決裁を行うことも多いのではないでしょうか。

そのような教育長ですが、任命手続や資格は次のとおりです。

■地方教育行政の組織及び運営に関する法律

（任命）

第４条　教育長は、当該地方公共団体の長の被選挙権を有する者で、人格が高潔で、教育行政に関し識見を有するもののうちから、地方公共団体の長が、議会の同意を得て、任命する。

２～５　略

教育長は事務局職員を指揮監督し、事務執行や意思決定を行うことから、教育行政に識見を有することが必要とされています。具体的には、行政関係の法令等に識見があるとともに、組織マネジメントに資質があることが求められています。よって、必ずしも長い教員歴が要件とされているわけではなく、いわゆる行政職員出身もいますし、自治体によっては、公募により選定した事例もあります。

なお、教育長は議会の同意を得て首長が任命します。議会の同意を得る場合には、首長が人事に関する議案を議会に提出しますが、同意を得るにあたり、教育長候補者が議会で所信表明を行うなどの工夫を行っている自治体もあります。

教育長の任期は３年とされています。教育長以外の教育委員の任期は４年であり、首長の任期も４年です。教育長の任期が１年短い理由は、①首長の任期中に少なくとも１回は首長が教育長を任命できるようにするため、②教育長は多くの権限を有しており、教育委員よりも任期を短くすることで教育委員によるチェック機能を強化できるとともに、議会によるチェック機能も強化できるため、などとされています（木田・地教行法124頁）。

▶▶ 教育長と財務事項

教育長は事務局の事務を統括する立場であり、事務局職員の上司として指揮監督を行うこととされています。しかし、首長の権限とされている財務事項については、それがたとえ教育行政に関するものであっても、委任を受けない限り、予算執行や支出命令などの決定を教育長が決裁権者として承認することはありません。

既に述べたとおり、基本的な方針の決定自体は教育委員会の権限であり、それを受けて首長部局で必要な財務行為の手続や決裁が行われます。

よって、最終的に契約を締結する案件や、公金を支出する案件であるからといって、教育長が一切関与しないわけではありません。

教育行政の重要な案件について事務局職員の行うべき事務フローとしては、まずは教育長承認（あるいは教育委員会決定）を経て、具体的な契約・支出について（場合によっては首長の補助執行として）首長の承認を得るという流れになります。

事務局職員の立場からいえば、教育長・教育委員会と首長と、その立場や視点は異なるものの、重要事項については、いわば「ダブルチェック」を受ける必要があるといえるでしょう。

2 6 ◎…教育委員会と教育長

▶▶ 教育委員会における教育長

教育長は、事務局を総括する立場であるとともに、教育委員会の構成員であり、かつ、教育委員会を代表します。

平成27年の地方教育行政法の改正前までは、教育委員会のトップは教育委員長（教育委員会内の選挙で決定されていました）、教育委員会事務局のトップは教育長（この教育長は教育委員でもありました）であり、責任の所在が不明確であるなどの問題が指摘されていました。

現在の教育長は、いわば、改正前の教育委員長と教育長を合わせた立場であるといえます。

このような教育長は、教育委員会の主宰者として、教育委員会を招集します。なお、招集に際しては告示が必要となります。

この「主宰者」とは、単に教育委員会を招集するだけではなく、教育委員会会議を主導する立場を意味します。具体的には、会議の開会、秩序維持、議事の進行管理、閉会など、幅広い職務を行います。

また、教育長は教育委員会を代表する立場です。代表とは、教育長の名義で教育委員会の権限である行為を行うことができるという意味です。

では、執行機関である教育委員会と、その代表者である教育長との関係はどのようなものなのでしょうか。

まず、教育長は、教育委員会から指揮監督を受けることは、法制度上はありません。

また、一般的に、法令において指揮監督権が明記されておらず、行政組織上、上下関係（監督関係）にないのであれば、法令に基づき事務の委任としたとしても、それにより上下関係（監督関係）が新たに発生するものではありません（塩野・行政法Ⅲ43頁）。

よって、教育長と教育委員会とは対等の関係にあるといえ、それは、教育委員会から教育長へ権限の委任がなされていたとしても同様です。

一方で、執行機関である教育委員会が意思決定を行った場合は、いかに代表者である教育長であっても、それに反する事務処理を行うことはできません。

▶▶ 教育委員会と教育長・事務局との関係

以上をまとめると、自治体全体という視点から見た教育委員会と教育長・事務局との関係は次のようなものとなります。

図表４　教育委員会と教育長・事務局との関係

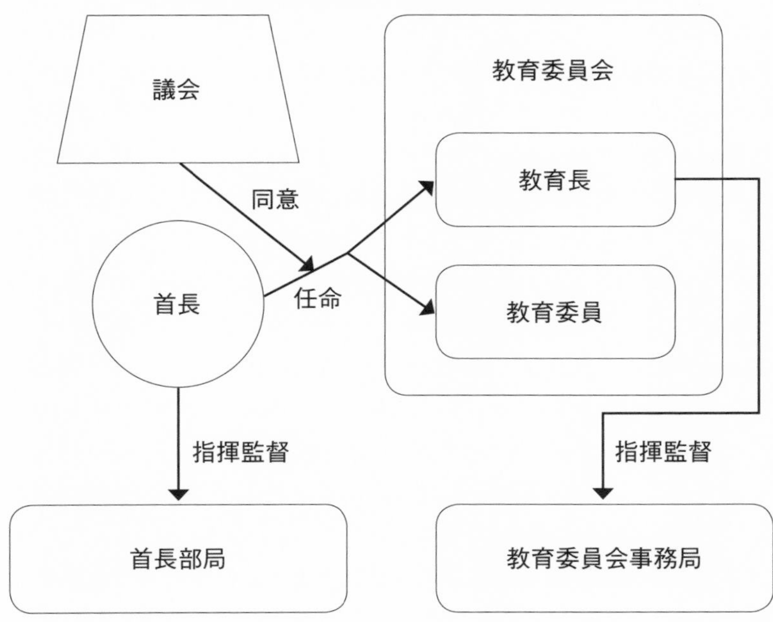

2 7 ◎…教育委員の役割

▶▶ 教育委員とは

教育委員は、教育委員会の構成員であり、任期４年の非常勤特別職です。任命手続は教育長と同じですが、資格要件が教育長とやや異なり、教育、学術及び文化に関し識見を有することが求められる一方、教育行政に精通している必要はありません。

そこで、教育委員の選任には教育長にはない配慮が必要となります。

■地方教育行政の組織及び運営に関する法律

（任命）

第４条　（略）

２　委員は、当該地方公共団体の長の被選挙権を有する者で、人格が高潔で、教育、学術及び文化（以下単に「教育」という。）に関し識見を有するもののうちから、地方公共団体の長が、議会の同意を得て、任命する。

３・４　（略）

５　地方公共団体の長は、第２項の規定による委員の任命に当たつては、委員の年齢、性別、職業等に著しい偏りが生じないように配慮するとともに、委員のうちに保護者（親権を行う者及び未成年後見人をいう。第47条の５第２項第２号及び第５項において同じ。）である者が含まれるようにしなければならない。

第一に、教育委員のうちに保護者が含まれる必要があります。教育委員会の職務の１つの柱が学校教育であるため、幼児や児童生徒の保護者等の意向を反映する必要があることから、保護者要件が規定されています。

第二に、年齢、性別、職業等に著しい偏りが生じないようにすることです。教育委員会の職務は、学校教育のみならず、文化やスポーツなど幅広い教育も対象としています。よって、地域の多様な意見を反映させるために教育委員の構成にも多様性が求められています。

特に教育委員会の男女構成については、男女共同参画社会基本法に基づく「第５次男女共同参画基本計画」(令和２年12月25日閣議決定）において「女性の教育委員のいない教育委員会の数」を2025（令和７）年までにゼロにするとの成果目標が設定されています。

これらの条件を満たしていないという結果のみをもって、教育委員会自体やその決定などが法的に無効となるとは考えにくいものの、少なくとも可能な限り配慮・検討を行う必要はあるでしょう。

なお、教育委員を公募して選任している事例は、教育長を公募して選任している事例よりも多くなっています。

教育委員の役割

このように教育委員は住民の代表としての色彩が強く、地域住民に近い教育委員が、教育委員会事務局を監督するという意味で、「レイマン・コントロール」(51頁）を体現する存在ともいえます。

法令上は、個々の教育委員が事務局職員を指揮監督するとの規定はなく、個々の教育委員が事務局職員に対して職務命令を行うことはできません。しかし、事務局職員からすれば、教育委員の意見は住民の意見でもあり、ないがしろにすることはできません。

このような教育委員が果たすべき役割について、法令上は必ずしも詳細な規定を置いているわけではありません。

教育委員会は合議体の執行機関であり、その会議では、各議題の可否について決定を行います。そしてその可否は教育委員会への出席者の過半数で決することになります。

しかし、教育委員会は、原則として、教育長・教育委員の過半数が出席できなければ、会議を開くことはできません。そのため、教育委員の役割は、まずは、可能な限り教育委員会会議に出席することといえます。

そして、教育委員会会議には様々な議案が提出されるとともに、報告がなされることから、それらについて質問し、問題点や課題を指摘することが求められます。また、教育委員から提案をすることも可能であり、それらを通じて、議案の可否を決します。

なお、教育委員会会議の招集は教育長の権限ですが、教育委員の定数の３分の１以上の委員から会議の招集が請求された場合も、招集することとなります。

これは教育委員が教育長や事務局をチェックする機能の一環として規定されている権利であり、教育委員には必要に応じて状況を報告してもらうなどにより教育長などをチェックする役割も求められています。

▶▶ 事務局職員による教育委員へのサポート

教育委員は必ずしも行政実務に精通しているとは限りません。そこで、事務局職員としては、教育委員が活動していくうえで、様々なサポートを行っていく必要があります。

例えば、新たに教育委員が選任された際には、教育委員会制度に関する基本的な説明や、現在行っている主要事業や問題点などを説明することが求められます。

また、審議の活性化という観点から、重要な事項や複雑な問題を含む議案が教育委員会会議に諮られる場合は、事前に概要を説明したり、資料を提供したりするなど、教育委員の理解を深める工夫を行っている事例もあります。

さらに、教育委員会会議を想定したものだけではなく、各教育機関への視察やその職員との意見交換など、教育委員が教育現場を知ることができるようにすることも挙げられます。

このように、事務局職員には、各教育委員がその役割を全うできるよう、常勤であり行政に識見を有する教育長とは異なる配慮が必要であるといえます。

2 8 ◎…教育委員会の附属機関

▶▶ 附属機関とは

情報公開審査会や児童福祉審議会といった会議体の存在を聞いたことはないでしょうか。おそらくほぼすべての自治体において、このような会議体が設置されていると思います。

このような会議体、特に職員ではない第三者から構成されている会議体は一般に附属機関といわれています。

■地方自治法

第138条の4

①・②（略）

③ 普通地方公共団体は、法律又は条例の定めるところにより、執行機関の附属機関として自治紛争処理委員、審査会、審議会、調査会その他の調停、審査、諮問又は調査のための機関を置くことができる。ただし、政令で定める執行機関については、この限りでない。

附属機関とは、特定のテーマについて、専門家や住民などに調査・審議などを行ってもらうために設ける会議体です。執行機関は、その会議体に対し、調査・審議などを行ってほしい事項を諮問し、会議体は、それに対する見解などを答申として提出するのが典型例です。そして、執行機関は、その答申を尊重し、施策に活用することとなります。

なお、一般的に、執行機関ではない附属機関自体は、対外的に、自治体の意思表示として具体的な行為ができないとされています（宇賀・自治法概説327頁）。

このような附属機関は執行機関に設置することができます。そして、教育委員会は執行機関ですから、教育委員会に附属機関を設置することは可能です。

事実、各自治体の教育委員会には、例えば、いじめ問題対策協議会やスポーツ推進会議などの附属機関が設置されており、教育という専門分野でも附属機関は活用されています。

附属機関の構成員をどのようにするか、何を調査・審議などの対象とするかなどは、附属機関を設置するうえで重要なポイントとなります。

▶▶ 附属機関の設置における留意事項

附属機関を設置するうえで留意すべき事項は、大きく３つあります。

１つ目は、附属機関は法律、政令又は条例に基づき設置される必要があることです。なお、地方教育行政法47条の５に定める学校運営協議会などのように、教育委員会規則により設置することで足りる旨が法律において明記されているものもあります。

２つ目は、附属機関の庶務を行うためだけの組織は設置できないことです。附属機関は非常勤職員で構成されるため、運営管理などの庶務業務を行うことはあまり想定されていません。よって、附属機関の庶務業務は事務局職員が通常業務とともに行う必要があります。附属機関の庶務業務を担うためだけに新たに課などの組織を設置し、職員を置くと、自治法202条の３第３項に反するものとなります。

３つ目は、附属機関の構成員は非常勤の職員に該当します。よって、任用手続を行う必要があるとともに、その予算も確保しなければなりません。実務としては、任用や予算について内部調整を行った段階で条例を制定することになります。

▶▶ 附属機関の設置を巡る訴訟

このような附属機関ですが、実は訴訟の対象となりやすいという側面があります。具体的にいえば、住民訴訟の対象となる可能性があります。

住民訴訟とは、詳細は後に触れますが（220頁参照）、一言でいえば、公金の支出などの財務行為の適法性を争うものです。場合によっては、職員が、そのポケットマネーで賠償することにもなりかねません。

よくある事例としては、ある会議体について、実質的には附属機関に該当し条例で設置する必要があるにもかかわらず、要綱などで設置しているため違法であるとして、それに要した公金の支出（構成員への報償費など）も違法な支出であるとするものです。

自治法において附属機関を条例で定めるとする趣旨は、執行機関による附属機関の乱立を防止するとともに、その設置に対し議会のチェック機能を及ぼすものとされています。

しかし、要綱など執行機関内の手続で済むものを根拠とした、いわば「私的諮問機関」のようなものが存在することもあるかもしれません。公費で運営される以上、そもそも「私的」と位置付けてよいのかという問題もありますが、要綱を根拠として設置するとなると、自治法の趣旨が没却されてしまいます。

そして、裁判所の判断は、自治法を厳格に解釈する傾向にあり、事実、要綱などで設置した会議体が違法なものであるとする判決も相当数あります（大阪高判平成25年11月7日判自382号73頁、大阪高判平成27年6月25日判自409号16頁等）。

とはいえ、執行機関内には多数の会議体が存在しますが、そのすべてが附属機関に該当し、条例が必要なわけではありません。ポイントは「どのような要件を満たせば附属機関となるのか」「どのようなものであれば附属機関にはならないか」です。

近時の裁判例から読み解くと次のようなものとなります。

第一に、職員のみで構成される会議体は附属機関に該当しません。業務を行ううえで関係職員が集まって会議をすることはよくあります。このような会議体は附属機関には該当しません。

第二に、単に情報交換や進捗管理を行うための会議は附属機関には該当しません。教育委員会として事業を円滑に進めていくうえで、企業やNPOなどの協力を得ることは非常に多いです。そのような場合に、情報交換や情報共有を行うため、あるいは、進捗状況や課題を確認するために定期的に会議を行うことはよくあります。そのような内容にとどまる限りは、このような会議は附属機関には該当しません。

第三に、専門家などから、その個々の意見を聴くことを想定しているという理由のみでは附属機関には該当しません。例えば、職員から構成される検討会に、ゲストとして複数の専門家を呼び、その専門家が個別に意見を述べるだけでは、附属機関には該当しないと考えられています。

一方、附属機関に該当する主な要件は次のとおりです。

第一に、職員以外の、大学教授や専門家、住民など第三者が構成員となっていることです。

第二に、執行機関からの諮問等を受けて、調停、審査、審議又は調査を行うものであることです。

一方、合議体ではないから附属機関ではない、恒常的ではなく一時的な組織であるから附属機関ではないとの見解もあります。しかし、前述の大阪高判平成27年6月25日によれば、それらの理由のみをもって、その会議体が附属機関に該当しないとはいえないことに注意する必要があります。

この点については下級審の判断が必ずしも一致しているわけではなく、最高裁の判断が明確に示されたわけでもありません。そのため、何らかの会議体を設置しようとする場合には、構成員やその役割、設置目的、会議体が果たすべき役割などを考慮し、慎重に判断する必要があります。

特に、詳細は222頁で触れますが、住民訴訟においては、違法性の有無、故意又は重過失・過失の有無、損害の有無の3点から判断します。よって、その検討過程を記録として残しておくことが何よりも重要です。

第3章

学校の制度と教職員の服務

3 1 ◎…教育委員会と学校の関係

▶▶ 教育委員会と学校の役割分担

教育委員会の職務権限には、教育機関の設置、管理及び廃止がありますが、特に学校については、学校の組織、教育課程、学習指導、生徒指導及び職業指導に関することもまた職務権限となっています。

具体的にいえば、学校における教育計画や教職員の適正配置、学校の組織編制、教材管理を適切に行うほか、学校設備を安全な状態にすることも含まれます。つまり、教育委員会は広範な範囲で学校を管理する権能を持っているといえます。

一方で、公立学校自体は、地方教育行政法30条の規定により、自治体の条例で設置され、それに基づき事業内容が決定されるとともに、必要な職員が配置されることとなります。

つまり、公立学校の設置者は、教育委員会でも首長でも校長でもなく、あくまでも自治体となります。

このような、自治体が設置した公立学校と、公立学校を管理する教育委員会との関係を規定したものが地方教育行政法33条です。

まず、教育委員会は学校に対し、施設管理や人事、運営について一般的な管理権を有しています。

しかし、中には教育委員会においてすべてを管理・決定するよりも、各学校の自主性に委ねるほうがより効果的なこともあります。

よって、そのような教育委員会と学校との関係、言い換えれば役割分担は、教育委員会規則で定めることとされ、これにより教育委員会と学校の役割が明確化され、双方の自覚を促すことが可能となります。

■**地方教育行政の組織及び運営に関する法律**

（学校等の管理）

第33条　教育委員会は、法令又は条例に違反しない限りにおいて、その所管に属する学校その他の教育機関の施設、設備、組織編制、教育課程、教材の取扱いその他の管理運営の基本的事項について、必要な教育委員会規則を定めるものとする。この場合において、当該教育委員会規則で定めようとする事項のうち、その実施のためには新たに予算を伴うこととなるものについては、教育委員会は、あらかじめ当該地方公共団体の長に協議しなければならない。

2　前項の場合において、教育委員会は、学校における教科書以外の教材の使用について、あらかじめ、教育委員会に届け出させ、又は教育委員会の承認を受けさせることとする定めを設けるものとする。

3　（略）

教育委員会規則において教育委員会・事務局と学校の関係を明らかにすれば、教育委員会・事務局から学校への管理が無秩序に、例えば、担当者によって変わるようなことはありません。また、各学校の教職員、特に校長としても、自らの職務の範囲が明確となるため、業務に専念しやすくなります。

また、地方教育行政法33条2項は、学校で取り扱う教材（教科書以外のもの）について、教育委員会への届け出や承認を要することを可能としています。

これを素直に読めば、教育委員会としては、あらゆるものについて一定の関与ができることとなります。しかし、この規定の趣旨は、保護者への経済的負担が重いものや、内容が好ましくないものを排除する趣旨であり、どんな場合でも関与できることを認めたものではありません。

このように、教育委員会は学校に対し、施設管理や人事、運営について一般的な管理権を持っています。実際には事務局職員が各学校との調整や指導を行いますが、あくまでも法令の趣旨や教育委員会規則に即り、各学校の自主性を配慮して行う必要があります。

▶▶ 教育委員会規則に規定すべきこと

教育委員会・事務局と各学校の関係（分担）について、法令や教育委員会規則で定める事項の例を挙げると図表５のようなものとなります。大まかにいえば、基本的な方針は教育委員会で決定し、その内容に即して各学校が自主的に行うとするのが一般的です。

なお、その規則は１つである必要はありません。

図表５　教育委員会・事務局と各学校の分担例

事項	教育委員会	各学校
施設・設備	整備・修繕	施設の管理
人事・組織編制	採用・異動・懲戒	人事について意見 校内人事・事務分担
教育課程	教育課程の管理 学期や長期休業の管理	教育課程の実施 指導要録の作成 終了・卒業の認定 長期休業の決定
教材	教科書の決定 教材の管理	教材の決定
教職員の管理	勤務評価計画 勤務条件の決定 服務内容の決定	勤務評価 勤務時間の割振り 服務関係の承認
児童・生徒	就学先の決定 出席停止	児童・生徒の懲戒 出席状況の管理
安全・保健	就学時健康診断の実施 感染症予防計画 給食の計画	健康診断の実施 感染症による出席停止 給食の実施 安全計画の策定
財務	予算要求 予算の配当	一定額の物品の購入事務

3 2 ◎…学校の種類

▶▶ 様々な学校

学校と一口にいっても多種多様ですが、まずは、学校教育法２条２項により図表６のように設置者により区分することができます。なお、同法に規定する学校を設置できる者は、原則として次表の設置者のみとされています。

図表６　学校の種類と設置者

設置者	学校の種類
国、国立大学法人 国立高等専門学校機構	国立学校
自治体、公立大学法人	公立学校
学校法人	私立学校

そして、自治体が設置する公立学校として、学校教育法には、幼稚園、小学校、中学校、義務教育学校、高等学校、中等教育学校、特別支援学校、大学、高等専門学校が規定されています。これらは学校教育法１条に規定されていることから、一般に「一条校」といいます。

また、幼保連携型認定こども園は、認定こども園法に基づく機関ですが、幼稚園的機能と保育所的機能の両方を併せ持つ単一の施設です。

よって、幼保連携型認定こども園は「一条校」には含まれませんが、学校教育を行う機関であることに変わりはありません。

これら一条校と幼保連携型認定こども園について、設置に必要な手続や管理権限を持つ機関は図表７のとおりとなります。

図表７　学校設置の手続と管理権限

公立学校の種類	設置の手続	管理権限
幼稚園	都道府県教育委員会へ届出	教育委員会
幼保連携型認定こども園	都道府県知事等の認定	首長
小学校	都道府県教育委員会へ届出	教育委員会
中学校		
義務教育学校		
高等学校	都道府県教育委員会の認可又は届出	
中等教育学校		
特別支援学校		
高等専門学校	文部科学大臣の認可	首長
大学		

また、公立学校を教育の段階ごとに整理したのが、図表８です。

図表８　公立学校と教育段階

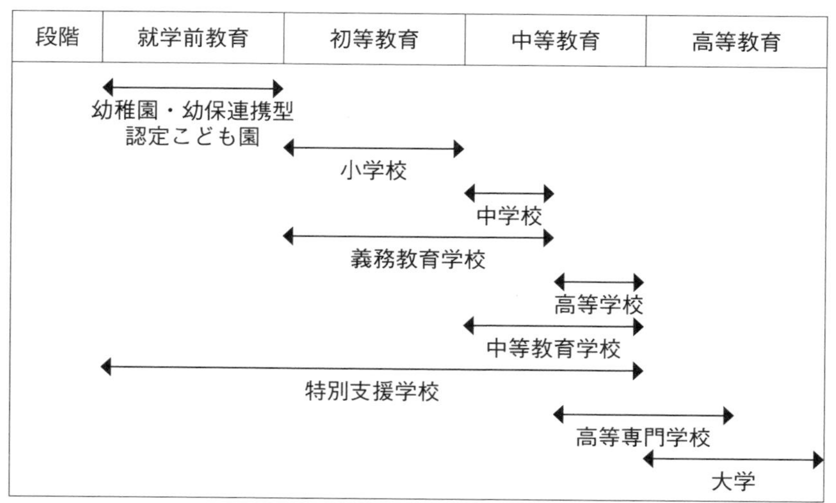

一条校や幼保連携型認定こども園の他にも教育を行う機関はあります。例えば、不登校児童・生徒などを受け入れているフリースクールや、外国人児童・生徒などが通うインターナショナルスクールが挙げられます。また、保護者が家庭で教育を行うホームスクーリングを含めることも可能です。

一方、これらは重要な役割を担っているものの、就学義務を履行していることにはならず、教育課程を修了したことにはなりません。

▶▶ 学校に必要な物的環境

学校が備えるべき物理的な基準は、学校教育法３条に基づき、文部科学省の省令（小学校は小学校設置基準、中学校は中学校設置基準、特別支援学校は特別支援学校設置基準など）で定められています。

■学校教育法

第３条　学校を設置しようとする者は、学校の種類に応じ、文部科学大臣の定める設備、編制その他に関する設置基準に従い、これを設置しなければならない。

例えば、小学校の施設・設備は、指導、保健衛生、安全、管理の面で、適切なものであることが求められます。

また、小学校の校舎の面積や運動場の面積は、その児童数に従って一定以上の広さが原則的に求められています。さらに、小学校の校舎には、教室や図書館、保健室、職員室が必要とされ、必要に応じて特別支援学級を備えることとされています。加えて、原則的に、校舎や運動場のほかに、体育館も必要とされています。

このような基準は、あくまでも「最低限の基準」であることに留意する必要があります。

3 ◎…学校の位置付け、校長の権限

▶▶ 学校とは何か

市町村立学校は、学校教育法や地方教育行政法に基づき設置された教育機関であり、幼児・児童・生徒・学生などに対し、それぞれの段階における必要な教育を行う機関です。

学校の物的要件は前項で触れたとおりであり、多くの場合、一定の敷地内に校舎や体育館が建築された単独の施設となっています。また、教育を行うために必要な教職員が配置されており、かつ、校長をトップとした比較的わかりやすい指揮監督体系になっています。

それゆえ、学校は一種の独立した行政機関と捉えられがちです。しかし、自治法との関係でいえば、学校は、公の施設に該当するため、自治体を構成する組織の１つという位置付けとなります。

よって、大きなポイントですが、市町村立学校自体に法人格はありません。

図表２（41頁）で示したとおり、自治体において法人格を有しているのは、まさに自治体のみであり、それを代表するのは原則として首長となります。

公立学校に関係する主要な機関等をまとめると次のようになります。

図表９　公立学校に関係する主要機関

設置者	自治体
設置者代表	首長
管理者	教育委員会
現場監督者	校長

校長の役割と権限

校長は、学校教育法7条等に基づき、公立学校に必ず置かれる職であり、学校全体のマネジメントを行う管理職員です。

学校教育法37条4項により、校長は、校務をつかさどるとともに、所属職員を監督するものとされています。なお、この規定は小学校に関する規定ですが、中学校などの他の校種についても準用されており、小学校と同じ内容となります。

■学校教育法

第37条

①〜③ （略）

④ 校長は、校務をつかさどり、所属職員を監督する。

⑤〜⑲ （略）

また、校長は、学校という教育機関を代表する職員であり、校長の事務とされているものに関する決定や意思表示は、対外的には校長名で行われます。

校長が果たすべき具体的な役割は、学校教育法など個別の法令や教育委員会規則によります。そして、それは多岐にわたるのが通例であり、大きく、教育課程に関すること、組織編制に関すること、児童生徒等に関すること、教職員に関することの4つに類別されます。

第一に、教育課程に関することとしては、その編成・実施から授業時間の決定、修学旅行などの行事の実施、教科書以外の教材の決定までが挙げられます。

第二に、組織編制に関することとしては、校内人事の決定や校務分掌の決定、クラス担任などの決定が挙げられます。

第三に、児童生徒等に関することとしては、出席状況の把握、課程修了や卒業認定、児童生徒への懲戒などが挙げられます。

第四に、教職員に関することとしては、職員の服務監督や人事に関する教育委員会への意見、休暇などの服務上の承認などが挙げられますし、当然、教職員の相談に応じることも含まれます。

教育委員会が学校に対して新たな業務を依頼する場合などは、事務局職員として各校長と調整することもよくあります。その意味では、教育委員会事務局との窓口としての役割もまた挙げることができます。

また、大きなポイントですが、前述したとおり、市町村立学校には法人格はなく、行政組織の１つとなります。よって、学校を当事者とする契約の締結はできません。

同様に、校長は、学校の代表者ですが、自治体というより広い観点からすれば、執行機関を補助する補助機関に該当します。そのため、校長は、教育事務に関する契約権を有する首長から権限の委任を受けなければ、自らの名義での契約を締結することはできません。

また、教育財産の管理を例に挙げれば、教育財産の管理権を持つのは教育委員会です。校長は、教育委員会から権限の委任を受けなければ、自らの名義で学校施設の使用許可を行うことはできません。

このように、校長は様々な職責を行うことが一般的ですが、それは各種法令や教育委員会規則、あるいは委任行為により決定されます。

各学校の管理する立場である教育委員会・事務局は、その管理を適切なものとするためには、各種事務について、首長の権限、教育委員会の権限、教育長の権限、校長の権限のいずれに該当するのかを正確に整理する必要があります。

図表10　校長の役割の決定

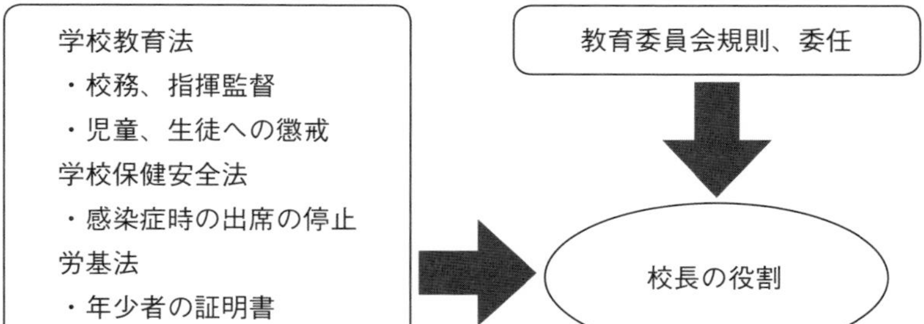

学校教育法
・校務、指揮監督
・児童、生徒への懲戒
学校保健安全法
・感染症時の出席の停止
労基法
・年少者の証明書
など

教育委員会規則、委任

校長の役割

3-4 ◎…学校に配置されている教職員

▶▶ 多様な教職員

教育委員会が管理する公立学校（幼稚園は除きます）には、校長のほか、次のとおり、多様な教員や職員が配置されています。

まず、学校教育法に基づく教職員は図表11のとおりです。

図表11　学校教育法に規定されている教職員

職務名	職務内容
副校長	校長を助け、命を受けて校務をつかさどり、校長の不在時はその代理者となる
教頭	校長や副校長を助け、校務を整理し、児童生徒の教育を行う。校長や副校長の不在時はその代理者となる
主幹教諭	校長、副校長、教頭を助け、校務の一部を整理し、児童生徒の教育を行う
指導教諭	児童生徒の教育を行うとともに、教諭その他の職員に対して、教育指導の改善・充実のために必要な指導・助言を行う
教諭	児童生徒の教育を行う
実習助手	実験・実習について、教諭の職務を助ける
養護教諭	児童生徒の養護を行う
栄養教諭	児童生徒の栄養の指導・管理を行う
養護助教諭	養護教諭の職務を助ける
事務職員	物品の購入事務など各種事務を行う
技術職員	技術業務に従事する
寄宿舎指導員	特別支援学校の寄宿舎における幼児・児童・生徒の日常生活上の世話・生活指導に従事する

また、学校教育法施行規則を根拠とする教職員としては、講師、部活動指導員、スクールカウンセラー、スクールソーシャルワーカー、学校用務員などが挙げられます。

これら学校教育法・同施行規則に基づき配置されている教職員のほか、①学校給食法に基づき配置されている学校栄養職員、②学校保健安全法に基づき配置（委嘱）されている学校医・学校歯科医・学校薬剤師、③学校図書館法に基づき設置されている学校司書も、教職員に含まれます。

また、根拠法令はありませんが、各学校において学校給食を実施する場合は、当然、調理する職員が必要であり、そのために配置している調理師・調理員もまた学校の職員として挙げられます。

これら教職員は、１つの学校にすべて配置する必要はありません。教頭などのように全学校に必ず配置する必要がある職もありますが、学校の種別などにより配置が任意である職もあります。

▶▶ 業務の請負・委託と偽装請負

学校には多様な教職員が配置されていますが、学校において生じるあらゆる事務を教職員だけで行うことができるかといえば、困難といえます。

老朽化や災害などで破損した校舎の修繕などは、教職員のみで対応することは現実的ではありません。

また、長期休業中における校舎のチェックや清掃など一部の業務について民間業者などに委託したほうが効率的であることも想定されます。

このように、一部の業務について、民間企業などに請け負わせたり、委託したりすることは多々ありますが、その際に注意すべきは偽装請負に該当しないようにすることです。

偽装請負とは、請負契約や委託契約でありながら、本来はできない請負先・委託先の従業員への指揮命令を、発注者が行う形態の労働をいい、違法行為とされます。

学校内の大規模清掃業務を例に挙げます。

A市教育委員会（発注者）は、B小学校について、夏季休業期間を活用して、校舎の大規模清掃を行うこととし、一般競争入札を経て、C社（受注者）と清掃業務委託契約を締結した。そして、C社は清掃に取り掛かったが、作業中に、作業員がB小学校の校長から作業内容について指示を受けた。また、同校長から、休憩時間について変更指示を受けた。

結論からいえば、これは偽装請負に該当する可能性が高いです。具体的には、校長が委託先事業者の作業員に直接指示をしている点です。

請負契約や委託契約の関係は図表12のとおりです。

図表12　請負契約・委託契約の関係

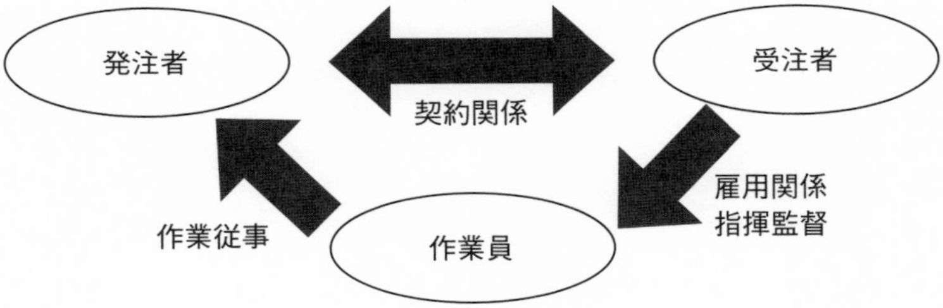

つまり、作業員に対し指揮監督するのは、その雇用主である受注者であり、発注者は個々の作業員に対し直接指示することはできません。

よって、作業内容のほか、作業従事時間や休憩時間の指示を行うことはできません。また、業務については受注者が責任を持って対応する必要があるため、作業に必要な資材等は受注者で用意する必要があります。

このような委託契約などは、たとえ履行場所が学校であっても、事務局において事務手続を行うことも多い一方、事務局職員がその作業当日に常に立ち会うことは難しいでしょう。

学校の補修や清掃など、学校の委託契約は、受注者の作業員が学校において作業をする場合がほとんどです。よって、偽装請負とならないよう、作業内容や休憩時間、資材の調達などについて契約書（仕様書）を明確にするとともに、各学校への周知を図る必要があります。

3 5 ◎…教職員の定数、学級編制、費用負担

▶▶ 教職員定数と学級編制

公立学校には多様な教職員が配置されますが、では、配置される教職員の数はどのように決定されるのでしょうか。

まず考えられるのが、各学校の学級数によって決まるという考え方です。例えば、公立小学校に12学級を設けたものの、その学校に配置された教職員が11人以下であれば、児童は十分な教育を受けることができなくなるおそれがあります。よって、教職員の数と学級数は密接に関係しているといえます。

公立小学校・中学校・義務教育学校・中等教育学校（前期）（以下「小学校等」といいます）や特別支援学校の教職員の定数と学級編制の基準は、義務標準法において定められています。

そして、小学校等については、それが市町村立であるとしても、教職員の定数や学級編制については、都道府県教育委員会が強い影響力を持っており、複雑な制度になっています。

▶▶ 小学校等における学級編制

学級とは、学校における児童生徒の学習上の単位集団をいい、一般に「組」や「クラス」と呼ばれます。そして学級編制とは学級を編制することをいいますが、実務としては、１学級を何人の児童生徒から構成するかを決定することを意味します。

よって、学校における各学年の児童生徒の数と、学級編制が決定されれば、小学校等の学級数が概ね決まります。

この小学校等における学級編制は、「都道府県の教育委員会が定めた基準」を標準として、市町村教育委員会が決定します。

■公立義務教育諸学校の学級編制及び教職員定数の標準に関する法律

（学級編制）

第４条　都道府県又は市町村の設置する義務教育諸学校の学級編制は、前条第２項又は第３項の規定により都道府県の教育委員会が定めた基準を標準として、当該学校を設置する地方公共団体の教育委員会が、当該学校の児童又は生徒の実態を考慮して行う。

この「都道府県の教育委員会が定めた基準」は、義務標準法３条２項に定める内容を標準として決定されます。例えば、小学校の場合は、原則として、１学級35人が標準とされています（なお、令和７年度に全学年で１学級35人が標準となる予定であり、それまでは１学級40人を標準とする学年も存在します）。

義務標準法３条２項を受け、各都道府県教育委員会が学級編制の基準を定め、その基準に基づいて市町村教育委員会が学級編制を決定します。そして、決定した後は、都道府県教育委員会に届け出る必要があります。

▶▶ 小学校等における教職員の定数

次に、小学校等における教職員の定数ですが、義務標準法の規定に基づき、都道府県ごとにその総数を決定し、条例で定めます。そして、その定数の範囲内で、都道府県が弾力的に教職員を各小学校等に配置します。

なお、義務標準法で定数を定めている教職員は、校長、副校長、教頭、主幹教諭、指導教諭、教諭、養護教諭、栄養教諭、助教諭、養護助教諭、講師、寄宿舎指導員、学校栄養職員、事務職員です。

また、教職員の定数を大まかに区分すれば、大きく、「基礎定数」と「加配定数」に区分することができます。

まず、基礎定数は、義務標準法６条から９条までに規定されています。

最もシンプルなものは校長で、各小学校等に１名とされています。９年間の教育課程を行う義務教育学校も同様に１名ですが、初等教育６年と中等教育（前期）３年を区分する小中一貫校の校長は２名となります。

教頭や教諭など校長以外の教職員については、その標準となる数の算定式が義務標準法に規定されており、学校規模（学級数）や児童生徒の数などにより算定されます。

次に、加配定数は、義務標準法７条２項や15条に規定されています。基礎定数が算定式で機械的に算出される数であるのに対し、加配定数は毎年度の予算交渉を経て文部科学省が決定する数となります。

加配定数が認められる主な要件は次のとおりです。

図表13　加配定数が認められる主な要件

教諭	・少人数教室などきめ細かな指導を行う場合 ・いじめ、不登校など教育指導上特別な配慮が必要な場合 ・特別支援教育について通級による指導への対応を行う場合 ・主幹教諭の配置によりマネジメント機能を強化する場合 ・資質向上のための教員研修を行う場合
養護教諭	・いじめ、保健室登校など心身の健康に対応する場合
栄養教諭	・肥満・偏食など食の指導を行う場合
事務職員	・学校事務の共同実施を通じ事務機能を強化する場合

このほか、東日本大震災や新型コロナウイルスへの対応時など、屋外活動の制限など厳しい教育環境下であることや、授業の大幅な遅れ、学習進度などを考慮し、臨時的に決定されることもあります。

なお、基礎定数は、法律に基づき決定される安定した数であり、正規職員が任命されることが多いものの、加配定数は毎年度の予算次第であり安定性を欠き、多く場合、臨時的な教職員として任命されます。

▶▶ 教職員の人件費に対する負担金

このように、小学校等における教職員の定数は、法律の規定や国の予算により決定されますが、だからといって文部科学省が教職員を採用し、配置するわけではありません。文部科学省は教職員の人件費などを補助金（負担金）として交付します。

その根拠は義務教育費国庫負担法であり、義務教育の根幹を国が支えることが目的とされます（同法１条）。

補助金（負担金）の対象は、あくまでも義務標準法に基づき「基礎定数」と「加配定数」として決定された教職員相当分となります。

補助金（負担金）の対象となる具体的な職種は、校長、副校長、教頭、主幹教諭、指導教諭、教諭、養護教諭、栄養教諭、助教諭、養護助教諭、講師、寄宿舎指導員、学校栄養職員、事務職員であり、義務標準法に規定されている教職員と全く同じです。

これら教職員の給料、扶養手当、地域手当などの諸手当（退職手当などは除きます）と、報酬の総額のうち３分の１相当分を義務教育の根幹を支えるものとして国が負担し、補助金（負担金）として都道府県に交付されます。残りの３分の２相当分は都道府県が負担することとなります（いわゆる「県費負担教職員制度」）。

なお、政令指定都市は県費負担教職員制度の対象外であるため、国の負担金は直接政令指定都市に交付され、県からの負担金はなく、国負担以外の３分の２相当分を自らの財源で対応することとなります。

一方、義務標準法の対象外であって補助金（負担金）の対象とはならない職員、例えば、学校用務員、給食調理員などは市費負担となります。

なお、スクールカウンセラーなど一定の職種については別途補助制度が設けられているものもあります。

▶▶ 市町村教育委員会の裁量は？

小学校等における学級編制、教職員の定数、教職員の費用負担の概要は以上のとおりですが、それを示したのが、次頁の図表14です。

これを見て、市町村教育委員会の裁量が極めて狭いと感じる方もいるのではないでしょうか。例えば、学級編制を独自に決定しても、それに応じた教職員が配置されなければ意味がありません。

図表14　学級編制・定数・負担金の流れ

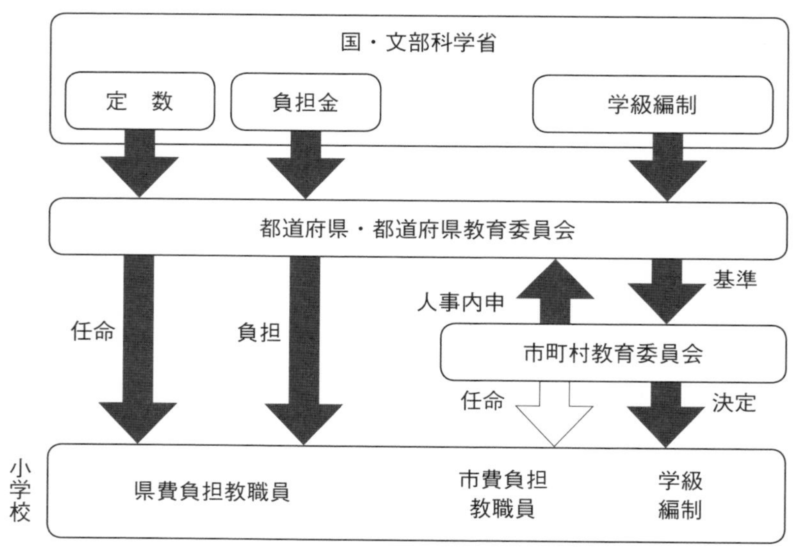

市町村の中には少人数教育を実践している事例もありますが、もし国や都道府県の理解がない場合は、国や都道府県の負担金はないため、自らの財源で負担することとなります。しかし、教育委員会には予算編成権はありません。よって、市町村長の理解が必須となります。

事務局職員としては、まずは制度全般を理解するとともに、国や都道府県の意向を把握することが必要でしょう。そして独自の学級編制を行う場合には、国や都道府県と調整しつつ、その結果による影響とともに、首長や予算編成部局に対し早い段階から説明し、独自性について理解を得ておくことが必要です。

3 6 ◎…県費負担教職員制度

▶▶ 県費負担教職員制度の必要性

政令指定都市以外の市町村立の小学校等に配置される教職員は、学級編制に関連し、かつ、教職員の定数に基づき、都道府県教育委員会により任命されます。そして、その人件費等の費用は都道府県が負担します。

このような教職員を「県費負担教職員」といい、市町村立学校職員給与負担法や地方教育行政法で定められています。

各自治体の人事は各自治体が行うのが原則であり、この県費負担教職員制度はその例外といえます。

このような例外が必要とされる理由の１つは、財政的な安定性です。教職員に限ったことではありませんが、給与などの人件費は多額であるとともに義務的経費となります。よって、財政規模がより大きい都道府県の負担とすることで、教職員の人事に安定性を持たせることができ、かつ、教育水準にも市町村間の格差が生まれにくくなります。

もう１つの理由は、人材の流動性にあるといわれています。

▶▶ 県費負担教職員の任命と監督

県費負担教職員制度には一定程度のメリットがあるものの、市町村教育委員会が管理する小学校等に、いわば都道府県の教職員が配置される状態であるため、実務は複雑となっています。

まず、県費負担教職員を任命する者、すなわち任命権者は、都道府県教育委員会です。よって、分限処分や懲戒処分は、都道府県条例において定められた基準に基づき、都道府県教育委員会が行います（地方教育行政法43条３項）。

■地方教育行政の組織及び運営に関する法律

（任命権者）

第37条　市町村立学校職員給与負担法（昭和23年法律第135号）第１条及び第２条に規定する職員（以下「県費負担教職員」という。）の任命権は、都道府県委員会に属する。

２　（略）

また、県費負担教職員の給与や勤務時間などの勤務条件は都道府県の条例で定めることとされています（地方教育行政法42条）。

一方、実際に服務監督を行うのは市町村教育委員会です（地方教育行政法43条１項）。

これは、県費負担教職員といっても、実際に行う業務は、市町村の学校における市町村の事務であり、その管理権を有する市町村教育委員会が服務監督を行うことが合理的であるためです。

県費負担教職員からすれば、都道府県の条例や都道府県教育委員会の規則等のみならず、市町村の条例や市町村教育委員会の規則等も遵守する必要があるといえます。

■地方教育行政の組織及び運営に関する法律

（服務の監督）

第43条　市町村委員会は、県費負担教職員の服務を監督する。

２　県費負担教職員は、その職務を遂行するに当つて、法令、当該市町村の条例及び規則並びに当該市町村委員会の定める教育委員会規則及び規程（前条又は次項の規定によつて都道府県が制定する条例を含む。）に従い、かつ、市町村委員会その他職務上の上司の職務上の命令に忠実に従わなければならない。

３・４　（略）

以上を含め、県費負担教職員についてまとめると次のとおりです。

図表15　県費負担教職員の概要

項目	権限等
任命	都道府県教育委員会
定数	都道府県の条例
給料・手当	都道府県の条例
勤務条件	都道府県の条例
服務監督（休暇等の承認）	市町村教育委員会
分限・懲戒基準	都道府県の条例
分限処分・懲戒処分	都道府県教育委員会
措置要求・審査請求	都道府県人事委員会
職階性	都道府県の条例
研修	都道府県教育委員会 市町村教育委員会
勤務評定	（計画）都道府県教育委員会 （実施）市町村教育委員会
職務上の秘密の公表の許可	市町村教育委員会
営利事業従事の許可	市町村教育委員会

このように、県費負担教職員は、実施主体や適用法令が入り組んでおり、市立の学校で職務を行っているからといって、すべての権限が市にあるわけではないため、注意が必要です（地方教育行政法47条など）。

▶▶ 県費負担教職員の任命手続

県費負担教職員の任命権（人事権）は都道府県教育委員会が有していますが、では市町村教育委員会は何ら関与できないのでしょうか。

市町村教育委員会としては、給与は負担しないとはいえ、自らの自治体における教育を行う教職員の人事について、完全に都道府県教育委員会任せというのは、いささか奇妙にも感じます。

このような県費負担教職員の任命（人事）の決定に至るまでの手続の

一例を挙げると、次のとおりです。

①県教育委員会事務局から市教育委員会事務局・校長への説明
②県教育委員会事務局と教職員との面談
③県教育委員会事務局と市教育委員会事務局・校長との面談
④校長から市教育委員会事務局への意見申出（地方教育行政法39条）
⑤市教育委員会から県教育委員会への内申（地方教育行政法38条１項）
⑥県教育委員会による人事の決定

このように、市町村教育委員会としては、地方教育行政法38条１項に基づき、都道府県教育委員会に対し、内申を行うことができます。なお、地方教育行政法39条１項に基づく校長からの意見があったときは、その意見を内申に付する必要があります。

しかし、同法38条１項は「内申をまつて」と規定しているにとどまり、内申自体に強制力はありません。よって、都道府県教育委員会は、市町村教育委員会の内申を尊重する必要はあるものの、最終的には任命権者としての判断により人事権を行使することになります。

▷▷ 事務処理特例制度

県費負担教職員の研修は、都道府県教育委員会と市町村教育委員会の双方が行うことができます。しかし、双方が別々に研修を行うと、内容が重複したり、重複を避けるための事前調整が必要になったり、非効率な部分もあります。そこで、市立小学校等の県費負担教職員の研修については、その服務監督を行う市町村教育委員会に委ねたほうが効率的な場合もあります。

このように都道府県教育委員会の権限・業務を市町村教育委員会に委ねる制度が「事務処理特例制度」です。この事務処理特例制度は自治法にも規定されていますが、同法の事務処理特例制度は都道府県知事から市町村長への委譲を規定しているに過ぎません。

よって、都道府県教育委員会から市町村教育委員会への委譲は、地方教育行政法55条に基づき、都道府県の条例で定める必要があります。

研修のほか、給与の支給事務や手当の認定・支給事務などもこの事務処理特例制度を用いて市町村教育委員会の事務局が行う事例も多いです。

この事務処理特例を新たに設けたり、変更したりする場合は、都道府県知事と市町村長があらかじめ協議する必要があります。双方の教育委員会が協議を行うものではないことに注意が必要です。

このように、教育事務に関するものではあるものの、双方の首長が協議を行うこととされているのは、新たに事務を引き受ける場合には、多くの場合において相応の予算措置が必要であることが大きな理由です。

事務処理特例の協議を実際に行うのは事務局職員同士であることが多いと思いますが、法令上は首長同士が行う理由からすれば、あらかじめ首長や予算担当部局に説明する必要があるでしょう。

▷▷ 市費負担教職員

小学校等に勤務していても、学校用務員など義務標準法が適用されない職員の費用は市の財源で賄われます。また、政令指定都市の小学校等の教職員の費用も市の財源で賄われます。このような市町村の財源でその給与を賄う教職員を「市費負担教職員」といいます。

また、少人数学級など、各市町村教育委員会にて独自性のある教育を行う場合にも市費負担教職員として任用されます。

しかし、市費負担教職員の給与等は各市町村が負担するため、財政上の課題があります。また、県費負担教職員との交流をどう行っていくか、各市町村の財政力の格差により生じうる教育水準の格差など、いくつかの課題もあります。

実際に、各市町村教育委員会で採用されている独自の市費負担教職員は臨時的な職である場合が多く、人材の育成という課題も挙げられます。

いずれにせよ、県費負担教職員制度を基本としつつ、独自に市費負担教職員を採用する場合には、長期的な視点から財政上ないし人材育成上の慎重な検討が必要といえます。

3 7 ◎…教員の勤務条件

▶▶ 教員に適用される特別法

一般的な地方公務員の勤務条件、つまり、年次有給休暇や特別休暇、時間外手当、給与、勤務日や勤務時間などは、労基法や地公法といった法律のほか、各自治体の条例などで定められています。

教員についても労基法や地公法などは基本的に適用されますが、その一方で、教員の職務と責任の特殊性を考慮し、それらの特例として教育公務員特例法や給特法が存在します。

具体的には、教育公務員特例法は教員の身分上の取扱いに関する特例を定め、給特法は教員の給与の特例を定めています。

これら特例を定める法律に規定がない部分は、労基法や地公法などが適用され、行政職員と同様となるため、事務局職員として実務を行う際は、行政職員と同じなのか異なるのか、より注意する必要があります。

▶▶ 教育公務員の独自の服務

教育公務員特例法では、用語の定義として「教育公務員」と「教員」とを使い分けています。「教育公務員」は、公立学校の校長や教員のほか、教育委員会の指導主事や社会指導主事を含みますが、「教員」は公立学校の教員のみであり、指導主事や社会指導主事は含みません。教育公務員特例法を読む際には、用語の定義に注意する必要があります。

まず、校長や教員の採用（選考）は教育委員会の教育長が行います。よって、例えば、県費負担教職員の採用（選考）は都道府県教育委員会の教育長が行います。

また、政治的行為の制限は国家公務員と同じ内容となり、一般的な地方公務員よりもやや厳しくなります。

この政治的行為の制限について最もわかりやすい違いは、制限される区域です。一般的な地方公務員の場合は、あくまでも職員が属する自治体の区域内のみですが、教員は区域の制限がありません。

そのほかの具体的な内容は、人事院規則14－7（政治的行為）が適用されますが、一方で、国家公務員とは異なり、言い換えれば一般的な地方公務員と同様、罰則は課せられません。

次に、実務上の違いです。

行政職員が営利事業に従事する場合は、その許可を得る必要があります。また、その事業を勤務時間中に行う場合には職務専念義務の免除を受ける必要があります。

つまり、営利事業従事と職務専念義務の免除はあくまでも別であり、勤務時間中に営利事業に従事する場合には、双方の許可が必要です。

一方、教育公務員はやや異なり、教育に関する兼職や他の事業に従事する場合には、給与の有無にかかわらず、本来の業務に支障がないとの任命権者の許可を受けさえすれば、その兼職や事務従事が認められます。

なお、法律において明記されているものではありませんが、体罰やわいせつ行為など一定の非違行為に係る懲戒処分の基準（処分量定）について、行政職員よりもより重い基準としている自治体もあります。

それは、校長や教員は、全体の奉仕者として、高い倫理観・コンプライアンス精神のもと、公務を通じて公共の利益を追求し、これを実現する責務を負っているほか、何より児童生徒の人格形成に直接関わるという重大な職務を担っていることが理由となっています。

▶▶ 給特法と超勤４項目

教員は給与も一部異なります。これは給特法に規定されています。なお、この法律でいう「教育職員」は、あくまでも公立学校の校長や教員を指します（事務職員などは含みません）。

教員と行政職員との給与上の違いは、時間外勤務手当・休日勤務手当の有無に尽きるといってもよいかもしれません。

行政職員（非管理職）が正規の勤務時間を超えて勤務することを命じられた場合は、時間外勤務手当が支給されます。一方、教員は、たとえ非管理職であったとしても、原則的に時間外勤務命令はなく、時間外勤務手当は支給されません。

教員について原則的に時間外勤務命令ができない理由は、教員の勤務形態が、行政職員に比べて特殊であり、その勤務時間を厳格に管理することが困難であるためです。

教員の業務は、専門職である各教員の自発性や創造性が大いに期待される分野です。また、夏休みなどの長期休業期間における勤務など、行政職員と異なる面があることは否定できません。

このため、教員の勤務時間の管理のあり方については、行政職員のように厳格な時間的管理を行うのではなく、弾力的な取扱いが望ましいとされています。

したがって、教員に対する時間外勤務命令は、原則的に行われませんが、次の４つの場合（いわゆる「超勤４項目」）のみ、時間外勤務命令を行うことができ、時間外勤務手当を支給するのが通例です。

①校外実習その他生徒の実習に関する業務
②修学旅行その他学校の行事に関する業務
③職員会議（設置者の定めるところにより学校に置かれるものをいう。）に関する業務
④非常災害の場合、児童又は生徒の指導に関し緊急の措置を必要とする場合その他やむを得ない場合に必要な業務

「通例」とするのは、あくまでも給特法は、正規の勤務時間を超える勤務をさせる場合は「政令で定める基準に従い条例で定める場合に限る」としているためです。よって、各自治体の条例で定めていなければ、超勤４項目であっても、時間外勤務命令を行うことはできません。

なお、超勤４項目でいう職員会議とは、職員同士の会議なら何でもよいというわけではありません。「設置者の定めるところ」とあるように、

条例や教育委員会規則等に基づき、校長が招集し、運営する会議を指します。

また、教員は、部活動の監督のために休日等に出勤することがあります。しかし、上記のとおり超勤４項目に部活動は含まれていないため、時間外勤務命令を行うことはできませんが、特殊勤務手当などの手当を支給する自治体もあります。

以上のとおり、教員には、原則的に時間外勤務手当は支給されませんが、その代わりに教職調整額として、給料月額の４％相当額が一律に支給されます。

なお、会計年度任用職員は教職調整額の対象とはならず、時間外勤務手当が支給されます（令和元年６月10日付け総務省通知「会計年度任用職員制度の導入等に向けた質疑応答の追加について」）。

▶▶ 指導主事と充て指導主事の時間外勤務

教育職員給与特例法に規定する「教育職員」は、あくまでも公立学校の教員を指します。では、指導主事はどうなるのでしょうか。

まず、充て指導主事についていえば、23頁のとおり、教員の職務に従事せず、指導主事の職務に従事しますが、教員の身分のままであり、人事発令上は事務局職員とはなっていないため、給特法に規定する「教育職員」に該当します。よって、原則的に時間外勤務命令はなく、時間外勤務手当は支給されません。

一方、充て指導主事以外の指導主事は、23頁のとおり、教員としての身分を喪失し、事務局職員として指導主事の職務に従事します。よって、教育職員給与特例法に規定する「教育職員」に該当せず、行政職員と同様となります。

このように、同じ指導主事という立場（名称）であっても、教員としての身分を喪失し、事務局職員として人事発令を受けているかどうかで変わる勤務条件もあるため、注意しましょう。

▶▶ 教員の勤務時間

教職員の勤務時間に関する制度自体は、基本的に行政職員と大差ありません。

ただし、校長や教員については、１年単位の変形労働時間制を採用することが可能です（給特法５条・地公法58条３項・労基法32条の４）。これは令和３年度から新たに設けられた制度であり、各自治体の条例で定めることにより活用できる制度です。

この制度のメリットとしては、夏季などの長期休業期間に休日をまとめて取りやすくなることが挙げられますが、一方、１日単位の勤務時間が長くなる日が増えることが懸念されます。事務局としては、多様な立場の関係者から意見を聞いたうえで、制度を採用するかどうかを判断する必要があるでしょう。

さて、一般的に、正規の勤務時間を超える勤務（超過勤務）については上限が設けられています。国家公務員の上限は、月45時間、年360時間であり、多くの場合、地方公務員も同様としています。

一方、教員については、超勤４項目に該当する場合のみが時間外勤務命令の対象となるため、勤務時間を算出したとしても、その勤務実態を反映しているとは言いがたい面もあります。

そこで、教員については、このような超過勤務の上限のみではなく、在校時間の上限を設けることができます（給特法７条）。この在校時間とは、正規の勤務時間以外に在校している時間から休憩時間や自己研鑽時間などを除いたものです。

実務としては、給特法に基づき定める文部科学省の指針をもとに、各自治体の条例等で定める必要がありますが、月45時間、年360時間を在校時間の上限とする事例が多数あります。

このような上限を設ける趣旨は、あくまでも教員の服務監督者が、教員の労働時間を把握し、その勤務環境を改善するためのものです。よって、服務監督者は、まずは各教員の労働時間を正確に把握する必要があるといえます。

3 8 ◎…就学先の決定

▶▶ 就学先の指定

市町村教育委員会は、児童生徒が就学する小・中学校を指定し、その保護者に対し通知する必要があります。

■学校教育法施行令

（入学期日等の通知、学校の指定）

第５条　市町村の教育委員会は、就学予定者（略）のうち、認定特別支援学校就学者（略）以外の者について、その保護者に対し、翌学年の初めから２月前までに、小学校、中学校又は義務教育学校の入学期日を通知しなければならない。

２・３　（略）

就学先の指定に際して重要な役割を果たすものが「学齢簿」です。市町村教育委員会は、児童生徒の氏名、住所、生年月日や入学・転学・退学・卒業の年月日などを記録した学齢簿を作成する必要があります（学校教育法施行令１条）。

特に、新たに小学校に入学する児童については、入学の５か月前までに学齢簿を作成しなければなりません（同令２条）。

そして、その学齢簿に基づき、児童生徒の住所を学区とする学校を就学先として指定することが一般的です。

なお、この就学先の指定は行政処分に該当します。

▶▶ 指定校変更と区域外就学

就学先として指定する学校は児童生徒の住所を学区とする学校となることが通例ですが、いくつか例外があります。

１つ目は「指定校変更」です。

指定校変更は、最終学年時に学区外へ転居した場合や指定校への通学の負担が大きい場合、DVなど特別の事情がある場合、同じ自治体内の別の学校を就学先として指定することをいいます。

２つ目は「区域外就学」です。

区域外就学は、指定校変更と同様、特別の事情がある場合、別の自治体に住所を有する児童の就学先を指定することをいいます。

指定校変更や区域外就学は保護者から手続がなされてから判断することになりますが、教室数の不足など学校運営上の問題や児童生徒の安全上の問題から制限することも可能です。

なお、学校の指定処分はハガキなどで保護者に通知されますが、そのハガキなどにおいて、指定先の変更手続が可能であることを示す必要があります（学校教育法施行規則32条２項）。

▶▶ 特別支援学校への就学

特別支援学校は障害がある幼児児童生徒に対して、幼稚園、小学校、中学校、高等学校に準ずる教育を行うとともに、障害による学習上・生活上の困難を克服し、自立を図ることを目的とする教育機関です。

就学先は市町村教育委員会が決定しますが、特別支援学校への就学は、市町村のみならず特別支援学校を設置する都道府県の教育委員会も関係してくるなど必要な手続や検討すべき点が多いといえます。

①事前準備段階

まずは保護者に対し情報提供を行う必要があります。具体的には、幼稚園に案内を配布したり、就学説明会を開催することが挙げられます。このような事前準備の段階から就学期における特別な支援が必要な幼児を把握することが求められます。

②検討段階

多くの教育委員会は就学時就学相談を実施しています。就学相談は、幼児などの一人ひとりの状態や適性などに応じ、その個性や能力が発揮できる教育環境や必要な支援について相談を受けるものです。

この就学時就学相談は、保護者や子ども本人と面談し、保護者の意向や幼児の状態、適性を把握する重要な場といえます。また、就学時就学相談において学校見学や体験入学の案内も可能です。

そのような手続において、子どもの教育的ニーズや必要な支援を検討していく必要があります。

③就学先の決定――総合的判断

障害のある子どもの就学先の決定については、就学時就学相談で示された保護者・子どもの意向を可能な限り尊重し、子どもの教育的ニーズや必要な支援について保護者と合意形成を図ることが原則であり、最終的には教育委員会による総合的判断により決定します。

この総合的判断にあたっての具体的な基準は学校教育法施行令５条１項に規定されており、①障害の状態、②教育上必要な支援の内容、③地域における教育の体制の整備、④その他の事情を考慮して決定します。

この「その他の事情」とは、保護者・子どもの意向、教育学・医学・心理学などの専門家の意見などとされ、保護者や専門家の意見を聴くことは義務とされています（学校教育法施行令18条の２）。

このような手続を経て特別支援学校への就学を決定した場合は、市町村教育委員会から都道府県教育委員会へ通知し、都道府県教育委員会が保護者に就学先の指定を行います（学校教育法施行令11条、14条）。

▶▶インクルーシブ教育システム

インクルーシブ教育システムとは、多様性の尊重等の強化、障害者が精神的・身体的な能力などを最大限度まで発達させ、自由な社会に効果的に参加することを目的として、障害のある者と障害のない者とが共に学ぶ仕組みをいいます。

このようなインクルーシブ教育システムで重要なことは、特別支援学校における訪問教育・普通学級、小中学校における特別支援学級・通級指導・通常学級といった「連続性のある多様な学びの場」を用意し、自立と社会参加を見据え、その時点における教育的ニーズに最も的確に応えることです。

よって「学びの場」は必ずしも固定されたものではありません。子どもの成長の程度や状況を勘案しながら柔軟に転学できる仕組みが必要といえます。

インクルーシブ教育システムの実現で重要なものが、基礎的環境整備と合理的配慮です。

基礎的環境整備は国・都道府県・市町村による教育の環境整備であり、施設・設備の整備や教材の確保、専門性のある教員・支援員の配置、交流学習の推進などが挙げられます。この基礎的環境整備は、不特定多数の者を対象としたインフラ上・制度上の対応といえます。

一方、合理的配慮は、障害のある子どもが障害のない子どもと平等に教育を受ける権利を行使できるようにするために、基礎的環境を最大限活用し、教育委員会や学校により、個別的に決定し行われる支援といえます。よって、合理的配慮は一人ひとりで異なる内容となります。

具体的には、視覚障害のある場合に最前列の座席を確保することや、情緒障害の場合に休憩室を確保することなどが挙げられます。

合理的配慮は、保護者・本人から希望があった場合は、必要かつ合理的な配慮を実施する必要がありますが、その実施に伴う負担が過重である場合は義務ではありません。しかし「過重な負担」の基準が必ずしも明確ではなく、まさに個別判断といえます。

この基礎的環境整備や合理的配慮は就学先の決定の際にも重要な意味をもち、就学時就学相談においては、保護者・本人の意向を確認するとともに、合理的配慮について合意形成を図ることが重要といえます。

3 9 ◎…教科書の検定と採択

▷▷ 教科書採択までのおおまかな流れ

教科書（教科用図書ともいいます）は、小学校や中学校などにおける各教科の中心的な教材として用いられていますが、実際に公立学校で用いられるまでは、図表16のように、多くの機関による多くの手続を経ています。

図表16　教科書検定・採択

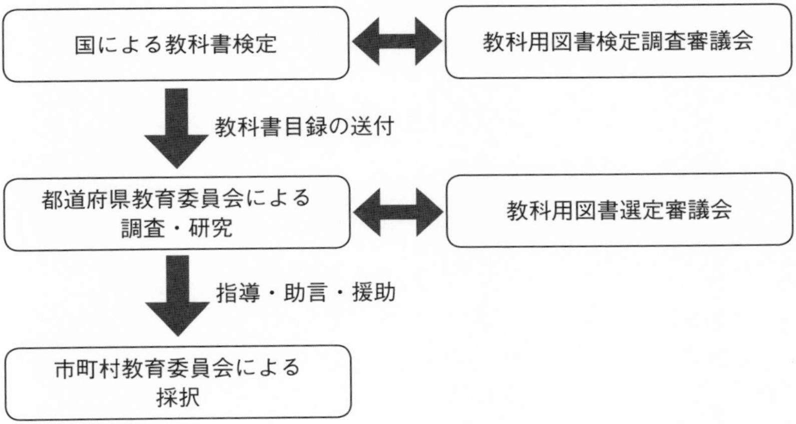

国による教科書検定 ⟷ 教科用図書検定調査審議会

↓ 教科書目録の送付

都道府県教育委員会による調査・研究 ⟷ 教科用図書選定審議会

↓ 指導・助言・援助

市町村教育委員会による採択

▷▷ 文部科学省による教科書検定

小学校、中学校、義務教育学校、高等学校、中等教育学校、特別支援学校で使用される教科書は文部科学大臣による検定を経た教科書を使用する必要があります（学校教育法34条、49条等）。

なお、高等学校や中等教育学校後期課程、特別支援学校、小・中学校の特別支援学級では、文部科学大臣による検定を経た教科書以外の教科書を使用することも可能です（学校教育法附則９条）。

この教科書の検定とは、教科書の著作・編集を民間（発行者）に委ね、その創意工夫に期待することを前提とし、発行者から申請された図書が教科用として適切であると認めた場合に、これに対し教科書としての資格を新たに付与することをいいます。

国（文部科学省）は、教科用図書検定調査審議会で調査審議を行い、検定の可否を文部科学大臣に答申し、文部科学大臣が教科書としての合否を決定します。

そして、国は、検定を経た教科書のうち発行者が次年度に発行しようとする教科書を一覧表にまとめて教科書目録を作成し、この教科書目録を、都道府県教育委員会を通じ市町村教育委員会に送付します。

なお、教科書検定は、義務教育諸学校で使用する教科書については概ね４年に一度行われることが通例ですが、学習指導要領の改訂に併せて検定が行われることもあります。

▷▷ 都道府県教育委員会の役割

都道府県教育委員会の役割は、①市町村教育委員会への指導・助言・援助と、②都道府県立学校で使用する教科書の採択、の大きく２つに分けられます。ここでは①について言及します。

都道府県教育委員会は、採択の対象となる教科書について調査・研究し、教科書の採択権者である市町村教育委員会に指導・助言・援助することとされています（無償措置法10条）。

この指導・助言・援助を行うにあたり、都道府県教育委員会は専門的知識を有する学校の校長及び教員、教育委員会関係者、保護者、学識経験者等から構成される教科用図書選定審議会を毎年度設置し、あらかじめ意見を聴くこととなっています（無償措置法11条）。

この教科用図書選定審議会は、都道府県教育委員会に設置が義務付けられたものです。教科書について専門的かつ膨大な調査・研究を行うため、通常、教科ごとに数人の教員を調査員として委嘱し、都道府県教育委員会は、この審議会の調査・研究結果をもとに選定資料を作成し、それを市町村教育委員会に送付することにより助言を行います。

▶▶ 市町村教育委員会の役割

市町村教育委員会（都道府県立学校については都道府県教育委員会）は、その管理する学校において使用する教科書を採択する権限を有します（地方教育行政法21条6号）。教科書の採択とは、学校で使用する教科書を決定することをいいます。

なお、私立学校で使用する教科書の採択権は各学校長が有しています。

義務教育諸学校において使用する教科書の採択は、教科などの種目ごとに一種の教科書について行います。

この採択は4年間同じ教科書を使用することを前提に行われます（無償措置法施行令15条1項）。また、教科書の採択は、その教科書が使用される年度の前年度の8月31日までに行う必要があります（無償措置法施行令14条1項）。

一方、高等学校の教科書の採択方法については、法令上具体的な定めはありません。各高等学校の実態に即して、採択の権限を有する教育委員会が採択を行うのが一般的です。

▶▶ 教科書採択に際しての留意点

教科書は児童生徒の成長や学習活動において重要な役割を果たすものです。よって、教育委員会による教科書の採択は重要な意味をもち、その際に留意すべき主なポイントは次のとおりです。

①公正な採択

教科書の採択は「静謐な環境」で行われなければなりません。

教科書は児童生徒の成長や学習活動において重要な役割を果たすもの

です。一方、教科書の発行者としては、当然自社の教科書を採択してほしいという思いを持っているはずです。

実は、教科書業界では、平成18年８月までは、独占禁止法２条９項に基づき「教科書業における特定の不公正な取引方法」が定められ、いわゆる特殊指定として、不公正な取引方法が具体的に指定されていました。

その後、教科書業界において自主的ルールが定められてはいますが、教科書の取引全般に関し、公正確保が必要であることは変わりません。

また、特に社会科の教科書は、歴史認識が必ずしも１つの考え方に統一されているとは限らないことから、社会的議論となりやすいといえます。

教科書の採択に関わる人たちが中立公正な決定ができるよう、教科書について利害を有する人たちから不当な働きかけを受けることがないように配慮する必要があります。

②保護者等への情報提供

静謐な環境における公正な採択は必要ですが、そのことだけで、当然に「密室での決定」を許容するものではありません。教科書の採択に疑念を生じさせることがないよう、その決定過程には透明性も求められます。

よって、教科書採択を決定した教育委員会会議の議事録は公表されるとともに、その際に用いた関係資料も公表されることが望ましいといえます。

また、教育委員会会議自体は一般的に公開されて行われますが、その場合は、「静謐な環境」の確保の観点から、毅然とした進行管理が事務局職員に求められます。

③採択権者と教育現場の意見

公立学校の教科書の採択権は教育委員会にあり、校長や実際に教科書を用いる教員に決定権はありません。

よって、事務局職員は教育長や教育委員が採択候補の教科書の特徴などを理解できる機会をできる限り整えるとともに、教育現場の意見などが教育長や教育委員に伝わるよう配慮する必要があるといえます。

▶▶ 教科書採択後の手続

教科書採択が終わったのちに、必要となる教科書の数を市町村教育委員会から都道府県教育委員会へ報告する必要があります。なお、採択した教科書の情報は広く周知することが望ましいといえます。

そして、都道府県教育委員会は、需要数報告期限（９月16日）までに、報告された情報を取りまとめて文部科学大臣に報告する必要があります。

その後、文部科学大臣から各教科書の発行者へ発行の指示を行い、発行者から各学校へ教科書が届けられ、各学校から児童生徒に教科書が配布されます。

第4章

会議・文書・情報等の実務

4 1 ◎…教育委員会事務局の意思決定

▷▷ 教育委員会事務局における具体的な事務処理

教育委員会には、教育行政の専門機関として、様々な職務権限が与えられています。一方、教育委員会は合議体の機関ですから、意思決定を行うことはできるものの、具体的な事務処理を行うことができません。そのために設置されているものが教育委員会事務局です。

前述のとおり、原則的には、教育委員会の職務権限とされているものについて、その意思決定を経ることなく事務局職員が処理することは、無権限行為に該当し、許されません。

しかし、教育委員会の意思決定を行う教育委員会会議は、毎日行われているわけではなく、毎月１～２回程度が一般的でしょう。

そのため、内容を問わず、その都度教育委員会の意思決定を求めていては、教育委員会会議が長時間にわたってしまい、非効率となり、日々発生する事務を速やかに処理することができなくなることも容易に想定されます。

このような状況に備えて広く行われているのが、委任と専決です。

専決は、首長部局でも教育委員会でも広く行われています。一方、委任は首長部局ではあまり見られないものの、教育委員会では広く行われているため、事務局職員としては、補助執行も含め、それらの違いについて正確に理解しておく必要があります。

▷▷ 委任・臨時代理

委任とは、権限自体を別の者に委ねることをいいます。

就学先の決定を例に挙げると、本来的には教育委員会において決定される事項であり、決定次第、教育委員会から相手方へ決定の意思表示が伝えられることとなります。

この就学先を決定する権限を、教育委員会から常勤の教育長へ委任した場合、事務手続としては、教育委員会に諮る必要はなく、教育長の決裁で足りることとなり、処理するスピードが速くなります。なお、相手方への意思表示も教育長名で行うこととなります。

つまり、委任した側（委任者）としては、その権限を失うこととなる一方、委任を受けた側（受任者）としては、自らの名でその権限を行使するとともに、その責任を負うこととなります。

このように、委任は非常に大きな効果を持つものであり、委任を行う場合には法令上の根拠が必要となります。そして、教育委員会から教育長へ委任する根拠は地方教育行政法に明記されており、教育委員会規則に定めることにより、権限の一部を教育長へ委任することが可能です。

■地方教育行政の組織及び運営に関する法律

（事務の委任等）

第25条　教育委員会は、教育委員会規則で定めるところにより、その権限に属する事務の一部を教育長に委任し、又は教育長をして臨時に代理させることができる。

２～４　（略）

一方、あらゆる権限を委任できるわけではなく、①教育に関する事務の管理及び教育の基本的な方針の決定、②教育委員会規則の制定・改廃、③教育機関の設置・廃止、④教育委員会及び教育機関の職員の任免・人事など重要な事項については、委任することはできません（地方教育行政法25条２項各号）。

教育委員会の職務権限は広く教育長に委任されていることが通例であり、日々の業務では教育委員会の決定を意識することはあまりないかもしれません。しかし、①法制度上は、日々の業務の大部分は、本来は教育委員会の権限に属するものであること、②それをあえて教育長に委任していること、③一部事務については教育委員会の決定を経る必要があることを、意識する必要があるでしょう。

なお、地方教育行政法25条1項は、教育長の臨時代理も規定しています。代理とは、委任とは異なり、権限自体を移すのではなく、代理を受けた者が代わって決定することをいいます。よって、名義は教育委員会のままとなります。この臨時代理は、教育委員会の会議を開催する時間がない場合などに、例外的に認められるものです。

これらの委任した事務や臨時代理した事務については、教育委員会に報告する必要があります（地方教育行政法25条3項）。しかし、そのすべてを報告するとなると膨大な手間や時間を要することから、教育委員会規則の定めるところにより報告の有無が決定されます。

なお、教育長から事務局職員や教育機関の職員へ委任することも可能です（地方教育行政法25条4項）。これは教育委員会規則ではなく、教育長訓令などで決定されていることが通例です。

このように、教育委員会には、教育行政の専門機関として、様々な職務権限が与えられていますが、現実的には、そのすべての決定に直接関与することは一般的には行われていません。

▶▶ 専決

行政の意思決定にあたっては、その決定権者の決裁を経る必要があります。首長部局についていえば、原則的にはすべての案件について首長の決裁が必要です。しかし、それがいかに非現実的であるかは、案件の多さや首長のスケジュールから、容易に想像できるでしょう。

よって、事案の重要度に応じて、首長の補助機関に決定権を付与する専決が広く行われています。

専決は、委任とは異なり、権限自体が移るものではありません。あくまでも、事案の重要度に照らし、それに相応する職位の職員に、決定のみを任せるものです。この決定を任された者を専決権者といいます。

専決は、教育委員会事務局でも広く行われています。「教育委員会事務局事務決裁規程」などの名称で定められている例がよく見られます。

専決は、委任と同時に活用できるものであり、教育委員会事務局では、その両方を駆使して事務処理を行うことが通例です。

よって、事務の決裁・決定にあたっては、委任と専決の違いを理解するとともに、処理しようとしている事務の決定者は誰なのかを意識する必要があります。

そしてそれは、その決定に際して合議（自治体によって「あいぎ」と読んだり「ごうぎ」と読んだりするようです）を行う職員も同様であり、逐一確認する必要があるでしょう。

▶▶ 補助執行

補助執行は、一言でいえば、ある執行機関の職員が別の執行機関の指揮監督のもと事務処理を行うことです（自治法180条の2）。教育委員会事務局の職員が首長の指揮監督のもと事務処理をすることが典型例です。

例えば、教育行政に関するものであっても、首長の権限とされている契約や予算執行（歳出、歳入など）などの財務行為は最たる例といえるでしょう。

教育機関の修繕などは、児童生徒や利用者の安全の確保のため速やかに処理することが必要な場合もあります。このような場合に、原則どおり教育委員会事務局から首長部局に補修依頼をしていては、効率性や即時性が損なわれてしまいます。

そこで、このような財務行為については、首長から教育委員会事務局の職員に対し補助執行させることが一般的です。

この補助執行に係る業務を処理する際は、教育委員会事務局の職員として処理する場合であっても、首長の指揮監督を受けることとなり、首長が定める規則や訓令に基づいて処理する必要があります。

なお、自治法180条の2のとおり、補助執行は、あくまでも教育委員会の事務を補助する職員を対象に行われるため、教育委員会や、教育委員会を総理する立場である教育長は補助執行の対象とはなりません。

よって、首長の補助執行として処理する事務について教育委員会が決定することや、教育長が決裁することはありません。

4 2 ◎…意思決定の具体的手続

▶▶ 事務処理の一般原則

首長部局の職員が事務を処理する場合、一部を除いて、職員それぞれが自由に決定することは許されません。例えば、職員が職務上必要な書類（公文書）を作成する際に使用すべき用語でさえ決まっていることが多いでしょう。

また、意思決定にあたっては「決裁」という手続が必要ですが、誰が決定権者なのかは決まっています。その決定権者の決裁や専決を経ずに決定してしまっては、その行為の有効性が問題となります。

このような事務処理上のルールを定めたものとしては文書規則・規程、決裁規則・規程、公印規則・規程が挙げられます。

文書規則・規程は、公文書の作成上のルールを定めているものです。例えば、「です・ます体」と「だ・である体」の使い分けの基準や、配字、縦書きか横書きか、使用すべき用語などが定められています。

決裁規則・規程は、誰が決定権者かを定めるものです。112頁で触れたとおり、あらゆる事項について首長や教育委員会が決定するとすれば、効率性や時間の観点から問題があります。よって、その内容によって、相当の職にある職員に決定権を与え、効率性を持たせています。このルールを定めるものが決裁規程です。

最後に公印規則・規程とは、公文書に押すべき公印の種類やその保管、押印までの手続を定めるものです。

以上のように、職員が事務を処理するにあたっては、①文書規程に基づき公文書を作成・起案し、②決裁規程に基づき決定を得て、③必要に応じ公印規程に基づき公印を押し、対外的に効力を及ぼす、というのが

「原則的な事務処理の流れ」となります。いわば、明確なルールに基づく組織としての意思決定が不可欠であるといえます。

その後は、④所定の簿冊に保存し、⑤保存期間が経過すれば廃棄します。なお、簿冊とは、簡単にいえば、文書の類別ごとに設けた「保存先」であり、紙文書であればファイル、電子文書であれば「フォルダ」をイメージすればわかりやすいでしょう。

▶▶ 教育委員会事務局独特の問題と見極め

一般的に、教育委員会事務局でも、首長部局と同様に、文書規程、決裁規程、公印規程を独自に定めています。しかし、教育委員会事務局の職員が事務処理を行う場合は、上記の「原則的な事務処理の流れ」を追うのみでは足りません。

教育委員会独特の「権限は誰の手にあるか」問題や「委任・補助執行・専決」問題が立ちはだかり、職員には、それに対応する「見極め」が必要になります。以下、117頁の図表17と併せて解説します。

①本来の権限者は誰なのか

教育事務は多岐にわたりますが、そのすべてが教育委員会の権限ではなく、首長の権限であるものもあります。そして、それは法律で決まっているものもあれば、各自治体の条例（地方教育行政法23条1項の条例も含みます）で決まるものもあります。その典型例は、一部の財務事務であって、契約締結や予算執行などは首長が「本来の権限者」となります。

また、例えば、教育委員会会議の議事録の公表は教育長（地方教育行政法14条9項）、卒業証書の授与は校長（学校教育法施行規則58条）など、法令において決まっている場合もあります。

そこで、まずは、処理しようとしている事務の「本来の権限者は誰か」を見極める必要があります。

この「見極め」を行う際のポイントは、法令の主語に着目することです。例えば、地方教育行政法21条は「教育委員会は、当該地方公共団体が処理する教育に関する事務で、次に掲げるものを管理し、及び執行する」としています。この条文の主語は「教育委員会」であり、教育委員会が「本来の権限者」となります。

②補助執行として処理するものなのか

これは「本来の権限者」が首長であった場合のみ該当しますが、その場合は、教育委員会事務局職員の立場であるものの、首長の監督のもと事務を処理します。したがって、首長の定める規則や訓令に基づき処理します。

補助執行は首長と教育委員会とが協議して決定するものであるため、補助執行に関しては、訓令のほか通知などで決められている場合もあります。そのため、例規集に掲載されているとは限らず、過去の記録を紐解くしかない場合もあります。

③委任がなされているのか

「本来の権限者」を把握したとしても、その権限者がその権限を保有しているとは限りません。権限の委任により権限が受任者に委ねられていることも想定されます。よって、「本来の権限者」を把握した後は、委任がなされているのかどうかを見極める必要があります。

特に教育委員会においては、教育委員会から教育長への委任（地方教育行政法25条1項）や、教育長から事務局の管理職や教育機関の長への委任（地方教育行政法25条4項）がなされていることがよくあります。また、首長から教育委員会等への委任も可能です（自治法180条の2）。

このような権限の委任は規則や訓令で定めることが通例であるため、各自治体の例規集に掲載されていれば簡単に調べることができます。

④誰が決定権者なのか、専決権者がいるのか

最後に、誰が決定権者なのかを見極める必要があります。つまり、権限を有する者の決定・決裁が必要なのか、あるいは、専決規程により専決権者を定めているのかを確認し、決裁手続を行います。

例えば、教育委員会が本来の権限者であり、かつ、権限の委任もなさ

れておらず、専決も規定されていない場合は、教育委員会会議での決定が必要となります。

また、教育委員会が本来の権限者であるものの教育長に委任され、かつ、課長専決とされている場合は、課長の専決をもって決定となります。

専決とされているのかどうか、誰が専決権者であるのかは規則や訓令で定めることが通例であるため、各自治体の例規集に掲載されていれば簡単に調べることができます。

なお、勘違いされやすい部分ですが、対外的に示す名義や押印すべき公印は、専決権者ではなく、「その時点で権限を有する者」となります。専決権者は、あくまでも事務の効率性の観点から決定を任されたに過ぎず、対外的な名義人とはなりません。

図表17　意思決定整理表

<table>
<tr><th>本来の権限者</th><th>補助執行</th><th>委任</th><th>専決</th><th>終点</th><th>公印</th></tr>
<tr><td rowspan="5">首　長</td><td rowspan="3">なし</td><td>なし</td><td>ー</td><td>首長部局と協議</td><td>―</td></tr>
<tr><td rowspan="2">あり</td><td>なし</td><td>受任者の決定・決裁</td><td rowspan="2">受任者</td></tr>
<tr><td>あり</td><td>専決権者の専決</td></tr>
<tr><td rowspan="2">あり</td><td rowspan="2">―</td><td>なし</td><td>首長の決裁</td><td rowspan="2">首長</td></tr>
<tr><td>あり</td><td>専決権者の専決</td></tr>
<tr><td rowspan="4">教　育
委員会</td><td rowspan="4">―</td><td rowspan="2">なし</td><td>なし</td><td>教育委員会の決定</td><td rowspan="2">教育委員会</td></tr>
<tr><td>あり</td><td>専決権者の専決</td></tr>
<tr><td rowspan="2">あり</td><td>なし</td><td>受任者の決裁</td><td rowspan="2">受任者</td></tr>
<tr><td>あり</td><td>専決権者の専決</td></tr>
<tr><td rowspan="4">教育長等</td><td rowspan="4">―</td><td rowspan="2">なし</td><td>なし</td><td>教育長等の決裁</td><td rowspan="2">教育長等</td></tr>
<tr><td>あり</td><td>専決権者の専決</td></tr>
<tr><td rowspan="2">あり</td><td>なし</td><td>受任者の決裁</td><td rowspan="2">受任者</td></tr>
<tr><td>あり</td><td>専決権者の専決</td></tr>
</table>

4 3 ◎…教育委員会会議と議事運営

▶▶ 教育委員会会議

教育委員会は合議体の執行機関であり、その判断（決定）は、原則として教育委員会会議を公開して開催し、多数決により決定されます。

■地方教育行政の組織及び運営に関する法律

（会議）

第14条

1・2 （略）

3 教育委員会は、教育長及び在任委員の過半数が出席しなければ、会議を開き、議決をすることができない。ただし、第6項の規定による除斥のため過半数に達しないとき、又は同一の事件につき再度招集しても、なお過半数に達しないときは、この限りでない。

4 教育委員会の会議の議事は、第7項ただし書の発議に係るものを除き、出席者の過半数で決し、可否同数のときは、教育長の決するところによる。

5～9 （略）

前述のとおり、教育事務は多岐にわたりますが、そのすべてが教育委員会で決定されるものではなく、教育長へ委任がなされたり、専決とされたりするのが通例であり、教育委員会会議での決定を要する事項はむしろ少数といえます。

一方、教育に関する事務の管理及び執行の基本的な方針に関することや、教育委員会規則などの制定又は改廃に関することなどは教育長へ委任することはできません（地方教育行政法25条2項）。

「どのような権限を教育委員会から教育長へ委任するか」は、「教育委員会会議をどのような場とするのか」と同義といえます。つまり、あまりに委任事項が多すぎると教育委員会制度の形骸化となり、逆に、委任事項が少なすぎると重要事項の審議検討の時間が少なくなる、あるいは、事務効率の問題がどうしても生じます。よって、委任事項を決定する場合は、その理由等を含め、教育委員会において慎重に検討する必要があります。

また、教育委員会会議の開催時期については、法令上何も定めはありません。教科書の採択など住民の関心が高い事項について審議する場合は、休日等に行うなどの工夫も検討に値するでしょう。

▶▶ 教育委員会会議の事前対応

地方教育行政法は、教育委員会会議自体のルールは定めているものの、その事前対応については、教育長による招集手続以外は何も定めていません。法律上は「ぶっつけ本番」で会議を行うといえます。

しかし、上記のとおり、教育委員会会議で決定される事項は、教育行政の中でも、いわば「選りすぐり」の重要案件です。それゆえ、案件自体の内容はもちろんのこと、背景や影響も併せた理解・検討が必要となりますが、教育委員会会議の場のみで各教育委員が十分に理解し、議論を行うことが難しい場合もあるでしょう。教育委員が、必ずしも教育行政の専門家とは限らないことからすれば、なおさらといえます。

このような場合は、教育委員会会議の前に、複雑な議題に限って事前に勉強会などを開催し、教育委員の理解に資する工夫を行ってもよいでしょう。

また、そのような議題については、教育委員会会議を２回に分ける、つまり、「説明を行う会議」と「決定を行う会議」とに分けることも考えられます。

教育委員会の正式な会議以外の場を設けることを禁止する規定はありませんし、１つの議題の審議は１回の会議で行わなければならないとする規定もありません。また、事前に資料を送付するという事前対応も選択肢としては挙げられます。

このような事前行為により教育委員の理解を深め、教育委員会会議における審議の充実化・活性化を図ることも事務局職員の役割といえます。

▶▶ 教育委員会会議の事後対応

教育委員会会議の終了後は、教育委員会規則に従い、その議事録を作成し、公表することが努力義務とされています（地方教育行政法14条9項）。この趣旨は、会議における議論を公開し、住民への説明責任を果たすためとされています（木田・地教行法162頁）。

ここでいう議事録とは、教育委員会議での審議内容を記録したものとされていますが、一言一句の漏れもなく、かつ、一切の修正を許容しない逐語録であるのか、ある程度まとめた概要で足りるのかは法律上の定めはありません。よって、上記趣旨を踏まえた各教育委員会の判断により定めた教育委員会規則によるものといえます。

なお、教育委員会会議は、原則として公開で行われますが、人事案件や個人情報を扱う場合などは非公開とすることができます。そのため、議事録の公表の際は、公開とした議題なのか、非公開とした議題なのかを見極め、本来であれば公開しない議事内容を公開することがないよう注意する必要があります。

4 4 ◎…教育委員会と法令

▶▶ 法令の種類

法令とは、公権力による強制力を有する社会規範であり、法形式によって、文章から成る成文法と、判例や慣習、条理など文字で制定されていないが拘束力がある不文法に区分されます。

成文法のうち国やその機関が定めるものは次のとおりです。

図表18　主な成文法と制定主体

憲法	国家の最高法規。基本的人権の保障等のほか、国の組織及び活動の根本的事項を定めている
法律	国会の議決を経て制定される法令。憲法を除く他の法令よりも上位の効力を有する。また、国民の権利義務に関する規定は、原則として法律に規定する必要がある。
政令	内閣が制定する命令
府令・省令・規則	内閣総理大臣や各省大臣、国の行政機関が発する命令

また、成文法のうち自治体やその機関が定めるものとしては、条例と規則が挙げられます。地方公営企業法に基づく企業管理規程も含まれます。

なお、法令ではありませんが、業務上よく用いられるものとして訓令や要綱が挙げられます。

▶▶ 条例

条例は、自治体が議会の議決を経て制定するものであり、自治法14条１項のとおり、法令に違反しない限りにおいて制定することができます。また、同条２項のとおり、住民に義務を課し、又は住民の権利を制限する場合は、条例によらなければなりません。

そのほか、条例が必要な事項は各法令にも規定されています。

教育事務に関係するものとして自治法に明記されているものとしては、附属機関の設置（138条の４第３項）、職員の定数（172条３項）、分担金・使用料・手数料などの決定（228条１項）、公の施設の設置・指定管理（244条の２第１項・３項）などが挙げられます。

また、地方教育行政法における条例事項としては、職務権限の特例（23条１項）、教育機関の設置（30条）、県費負担教職員の定数（41条１項）などが挙げられます。

さらに、給特法にも条例事項は多々規定されています。

▶▶ 規則（教育委員会規則）と訓令

規則は、首長がその権限に属する事務に関して制定する命令です（自治法15条１項）。同様に、教育委員会もその権限とされている事項について教育委員会規則を制定することができます（自治法138条の４第２項）。

ただし、首長が定める規則とは異なり、教育委員会規則には過料に関する規定を置くことはできません。

また、自治法138条の４第２項では「普通地方公共団体の条例若しくは規則に違反しない限りにおいて」とされており、教育委員会規則では、条例や首長の規則に抵触する内容を定めることはできません。この意味で、教育委員会規則は首長の規則に形式的に劣るといえるかもしれません。

なお、この教育委員会規則の制定改廃に関しては、教育長に委任することはできないため、「教育長規則」というものは想定されません。

一般的に規則は、住民の権利利益に影響を及ぼす事項を定めることも可能ですが、実務上は、行政の内部規律（組織や運営など）に関する事項や法律や条例などから委任を受けた事項を定めることが多いのではないでしょうか。

実際に、地方教育行政法において教育委員会規則が求められる事項としては、教育委員会の議事運営（16条）、事務局の内部組織（17条２項）、教育委員会の権限の委任（25条１項）、学校の管理運営（33条１項）などが挙げられます。

一方、訓令とは、首長などが、その職員に対し、指揮監督権に基づき発する命令です。規則とは異なり、あくまでも行政機関内部のみ有効であり、住民との間の権利義務について定めることはできません。

任命権者である教育委員会は、訓令を制定することができます。また、法令上教育長の権限とされている事項や、具体的な事務について委任を受けたものについては、教育長も訓令を制定することができます。そして、条例と同様に、教育委員会の職員は教育委員会規則や訓令を遵守する必要があります。

なお、事務局職員は、首長が定める規則等と全く関係ない立場にあるわけではありません。

まず、財務事務などについて補助執行とされている場合は、首長の規則等に基づき処理することとなります。

また、41頁や49頁で触れたように、首長は自治体の統括代表者であり、法令により他の執行機関の権限とされていない事務については、広く管理執行権限を有するとの推定を受けます。

よって、例えばセキュリティ対策や行財政改革など各執行機関が統一して対応すべきである事項などについて、教育委員会の権限ではなく首長の権限として規則等が定められている場合は、首長が定めたものであったとしても、教育委員会の職員は、その規則等を遵守する必要があります。

▶▶ 要綱

要綱とは、多義的ではありますが、「行政機関が業務を実施するための一般的な内部ルールを条文形式で定めたもの」と一応定義できます。
その種類は多様であり、代表的なものを挙げれば次のとおりです。
まず、行政手続法等により定められる行政指導指針や処分基準、審査基準が挙げられます。これらは行政の恣意的な対応を防ぎ、統一的な対応を行うために定める内部ルールといえます。
次は、補助金や負担金などについて、その対象者や手続などを定めるものです。要綱では住民の権利義務について定めることはできません。よって、逆説的となりますが、この場合の補助金や負担金は、行政としては、あくまでも契約に基づく寄附金と解釈せざるを得ません。
また、規則などの委任に基づき、それらではなかなか規定できない技術的な事項や詳細な取扱い、具体的な解釈などについて定めるものが挙げられます。

▶▶ 結局、何を選択すべきか

このように、教育委員会事務局と関係する法令として条例や教育委員会規則があり、そのほかのものとして訓令や要綱が挙げられます。では、どのような場合に何を定めるべきなのでしょうか。
第一に、法律や政令などにおいて「条例で定めるところにより」「教育委員会規則で定めるところにより」とされている場合は、いうまでもなく条例や教育委員会規則を定める必要があります。
第二に、住民の権利を制限する場合や義務を課す場合は、条例で定める必要があります。よって、行政処分（直接住民の権利義務を形成し、又は、その範囲を確定することが法令上認められている行為）を行う場合は、特別な規定がない限り、法律か条例に基づき行う必要があるといえます。
第三に、行政としての法規範性を持たせたい場合は、少なくとも教育委員会規則をもって定める必要があります。
実は、これら以外に特筆すべきルールは、法令上はありません。あとは政策的な判断によるといえます。よって、定める事項の重要性と各種法令等の性質とを照らし合わせ、決定すべきものといえます。

4-5 ◎…教育委員会と個人情報保護

▶▶ 膨大な個人情報を扱う教育現場

教育委員会が管理する個人情報は膨大です。

例えば、学校という教育機関のみを挙げたとしても、卒業生を含めた児童生徒やその保護者、そして教職員など、管理する個人情報の対象は幅広いといえます。

何より重要なのは、児童生徒の情報です。

具体的には、児童生徒の氏名・連絡先、クラス名簿、成績、指導要録、出席簿、事故報告書、卒業証書台帳、健康診断結果、アレルギー情報、病歴・通院歴などが挙げられます。また保護者との面談内容によっては、その政治的信条が含まれた記録が存在することもあるでしょう。児童相談所や医療機関から寄せられた虐待情報も想定されます。

このほか、博物館や図書館で扱う個人情報も多く、特に図書館は「図書の貸出履歴」という不特定多数の個人の思想や趣味・嗜好に関わる情報を有しているといえます。

このように、教育委員会が扱う個人情報は、範囲も広ければ、その内容も個人の人格に深く関わるものであり、その管理を行う職員は重要な役割を担っています。

▶▶ 個人情報保護制度の変革とポイント

個人情報に関係する法令としては、個人情報保護法や行政機関個人情報保護法など法律が従来からあったものの、自治体が扱う個人情報に関する具体的なルールは各自治体の個人情報保護条例で定められ、それに従って取扱いがなされてきました。

しかし、令和３年に個人情報保護法が改正され、自治体についても、議会を除いて、個人情報保護法が全面的に適用されることになりました。よって、改正法の施行日（遅くとも令和５年５月18日）以降は、教育委員会も個人情報保護法に従って個人情報を取り扱う必要があります。

その際に留意すべき主なポイントは次のとおりです。

①個人情報保護法の目的の正しい理解

個人情報保護法の目的は「個人情報を保護するため」と思っている方も多いのではないでしょうか。しかし、厳密にいえば、それは「誤り」です。より正確にいえば、個人情報保護法の目的は「個人の権利利益を保護すること」にあります。

つまり、個人情報保護法は、個人情報の取扱いを定めることにより、個人情報の有用性に配慮するとともに、個人情報の誤った取扱いを禁止することにより、個人の権利利益を保護するものです。

例えば、学校が各家庭から緊急時のために保護者の連絡先や児童生徒の病歴・通院先を教えてもらい、データベース化して学校内に保存し、関係教職員であれば閲覧できるようにする場合、個人情報の保護のみを考えれば、躊躇するのではないでしょうか。

しかし、緊急時に活用されるものであることを考慮すれば、そのようなデータベースの作成や活用はむしろ有益であり、「個人の権利利益を保護すること」に資するものといえます。

しかし、無条件とはいきません。その場合の手続や遵守事項などを定めたものが、個人情報保護法といえます。

②個人情報の利用目的の特定

個人情報は、できる限り利用目的を特定する必要があり、その利用目的を達成するために必要な範囲内、つまり、所掌事務の遂行に必要な範囲内で個人情報を保有することができます。

教育委員会では保護者や利用者などから個人情報の提供を受けることがよくあります。その際には、原則として利用目的を明示することが必要です。

保護者の連絡先については「緊急時に使用するため」、給食費の引き落し口座は「給食費の徴収管理のため」、図書館の貸出情報は「蔵書管理のため」が挙げられます。図書館の貸出情報を関係企業に提供するなど、利用目的を超えて個人情報をそのまま利用することは許されません。

③保有個人情報の適正管理

「保有個人情報」とは、個人情報のうち、職員が作成・取得した情報であり組織的に利用するために保有しているものです。

まず、保有個人情報は、正確性が保たれている必要があります。これは情報の内容が誤っていれば本人に不利益が発生する可能性があるためです。例えば、児童のかかりつけ医療機関の情報が挙げられます。

したがって、このような情報を取得する場合は、「変更があった場合は連絡してほしい」旨を明示し、連絡があった場合は速やかに更新する必要があるでしょう。

なお、不要となった保有個人情報は破棄する必要がありますが、この手続は各自治体の文書管理規則に従って行う必要があります。

また、保有個人情報には完全な管理措置が求められます。そして、大きなポイントですが、万が一、個人情報が流出した場合は、国の機関である個人情報保護委員会への報告と本人への通知が原則として必要となります。

さらに、本人同意がある場合や所掌事務の遂行に必要な相当の理由がある内部利用である場合など法律で定める事由に該当する場合を除き、第三者への提供は禁止されています。

▶▶ 個人情報開示請求制度

各自治体の個人情報保護条例に基づき、本人は、自らの個人情報について、開示・訂正・利用停止・消去・提供停止を求めることができるのが通例でした。とりわけ最も事例として多いのが開示の請求です。このような開示制度は、個人情報保護法にも規定されています。

この開示事務の手続自体は、次項で述べる情報公開制度とあまり変わらないため後に触れますが、学校特有の問題もあります。具体的には、指導要録における「所見欄」が挙げられます。

指導要録は学校教育法施行規則24条1項に基づき作成する文書であり、児童生徒の学籍や指導の過程などを各学年通じて記録し、その学習、生活を総合的に把握し、継続的に適切な指導を行うための基礎資料です。担任教員が、自らの言葉で、児童の良い面・悪い面を問わず、ありのままを所見欄に記載するのが通例です。

この指導要録、特に所見欄について、児童生徒やその法定代理人から個人情報の開示請求がなされることがあります。

担任教員により自らの言葉で、児童生徒の良い面・悪い面が記載された所見欄を開示してしまうと、本人や保護者などから誤解や不信感などを招きかねません。そのような事態が生ずることを懸念して、否定的な評価をありのままに記載することを差し控えたり、画一的な記載に終始したりして、所見欄の記載内容が形骸化・空洞化するおそれがあるとして、不開示とする自治体もあります。

一方、開示している自治体もありますし、在学中は不開示としながらも、卒業後は開示する事例もあります。

▶▶ 法定代理人による個人情報開示請求

児童生徒は自らの個人情報の開示を請求できますが、個人情報保護法では、その保護者などの法定代理人や任意代理人も請求することができます。

一方、一部の自治体の条例においては、たとえ法定代理人からの請求であっても、その児童生徒の利益を保護する必要がある場合は、その個人情報を開示することはできないという制限規定が設けられています。

具体的には、児童生徒の虐待情報が挙げられます。このような情報を学校が有しているということは、その児童生徒が保護者等から虐待を受けている旨を学校や他の機関に訴えていることになります。この事実が保護者等に知られれば、虐待がエスカレートするおそれがあります。

しかし、個人情報保護法では、このような制限規定が設けられていません。よって、引き続き制限したい場合には、同法108条に基づく条例の制定を検討する必要があります。

196頁で触れるとおり、学校は児童虐待とは無関係ではないことから、個人情報の開示請求については個人情報保護法や各自治体の取扱いを踏まえて、慎重に対応する必要があります。

▶▶ 個人情報と委託

個人情報の取扱いを第三者へ委託することも想定されます。典型例としては公の施設の指定管理者が挙げられるでしょう。しかし、委託すれば、全責任を回避できるわけではありません。自らに代わって委託先に取り扱わせる以上、自らが果たすべき義務を委託先が適切に果たしているかどうか、監督する必要があります（個人情報保護法66条２項）。

委託する場合、契約書に記載すべき事項としては、委託者・受託者の責任、個人情報の安全管理に関する事項、再委託に関する事項が挙げられます。

この再委託に関しても同様です。委託者（教育委員会事務局）が知らないうちに受託者が再委託していては問題であるため、再委託する場合の事前報告や安全管理に必要な内容などについて、あらかじめ委託契約で規定することが求められます。

4 6 ◎…教育委員会と情報公開

▶▶ 情報公開制度

不公正な事例が生じるおそれがある場合などにおいて、行政の意思決定プロセスが不透明では、その責任の所在やどのような根拠で決定を行ったかわかりません。そこで、国民がその情報（公文書）をチェックできるようにすることで、意思決定の透明性を高めるのが、情報公開制度です。

行政側にとっては、行政に対する国民の理解と信頼を深め、行政への参加の促進、公正で民主的な行政運営を確保するものといえます。

これらの目的からわかるように、情報公開制度は、公文書が適正に管理されていることが大前提です。そのため、公文書規程等に沿った公文書の管理が何よりも重要といえます。

一方、情報公開制度はあらゆる文書を対象としているわけではありません。具体的には、各情報公開条例によりますが、「職員が職務上作成し、又は取得した文書等であって、職員が組織的に用いるものとして、行政機関が保有しているもの」と定義された「公文書」を対象としていることが一般的です。

ここでのポイントは、組織的に用いるものとして組織として保有していること、つまり「組織共有性」があるかどうかです。

学校を例に挙げれば、指導要録、出席簿、事故報告書などは、学校において管理・保管されるものであるため、組織共有性を有した公文書に該当します。また、職員会議に提出された資料やその会議録も組織共有性のある公文書に該当するでしょう。

その一方で、校長や各教員の日々の備忘録やまだ素案の段階のものなどは組織共有性のある公文書とまではいえないでしょう。

▶▶ 開示、不開示、拒否の決定

情報公開の大まかな流れは、次のとおりです。

①住民からの公文書開示請求を受ける
②対象となる文書を特定・探索する
③開示するかどうかを決定する
④請求者へ通知する

128頁で触れた個人情報の開示請求も同様です。

このような各種開示請求がなされた場合は、原則的に開示する必要があります。開示する必要がない場合は、各条例に定める不開示事由や拒否事由に該当する場合のみです。「権利を制限する場合は条例による」の典型例といえます。

そして、不開示（部分開示）とする場合や拒否する場合は、その理由の附記が必須となります。この理由附記は「どの程度記載すべきか」という難しい問題があります。

理由として根拠条文を示すだけでは、原則として違法とされており(最判平成4年12月10日集民166号773頁)、なぜ開示できないのかを具体的に示す必要があります。例えば、開示しない根拠条文の目的や趣旨を説明したうえで、不開示とする理由がその目的や趣旨に合致することを明記するといった工夫が必要でしょう。

また、対象文書がない場合でも、物理的不存在（物理的に文書を所持していないこと）と法的不存在（所持しているが公文書に当たらないこと）とを区別せず、単に「文書不存在のため」とするだけでは十分ではないとの裁判例もあるので、要注意です。

開示請求に対する決定は行政処分に当たるため、請求者に対し「教示」を行う必要があります（行服法82条・行訴法46条)。教示とは、決定に不服がある場合に取りうる救済手続の案内であり、書面により決定する場合は書面での教示が必要となります。

最後に、開示請求に対し決定を行う実施機関は教育委員会ですが、委任の有無や専決規程を確認のうえ、誰が決定権者なのかを整理して手続を行う必要があります。

▶▶ 個人情報開示制度との差異

公文書開示請求と個人情報の開示請求の手続は非常に似ていますが、大きな違いが1つあります。

それは、公文書開示請求の場合は、申請者が誰であれ同じ結果となるものの、個人情報の開示請求の場合は、申請者によって結果が変わるということです。公文書開示請求への対応は客観的なものであるのに対し、個人情報の開示請求への対応は属人的なものといえます（参考として、藤田・行政法総論〈上〉186頁）。

例えば、ＡとＢに関する個人情報が記載されている公文書の各種請求についての違いは、図表19のとおりです。

図表19　２つの開示請求の違い

	Ａの個人情報	Ｂの個人情報
Ａによる個人情報の開示請求	原則開示	不開示
Ｂによる個人情報の開示請求	不開示	原則開示
Ａによる公文書開示請求	不開示	
Ｂによる公文書開示請求		

▶▶ 情報提供による事前対応

このように公文書開示請求への対応は義務ではありますが、一方で、事務手続やコピーなどで「通常業務の純増」となることは間違いありません。

逆に考えれば、公文書を広く一般に公開していないから開示請求が行われるとも考えられます。公文書の中でも、開示請求がなされれば全部開示とする文書については、あらかじめ情報提供としてホームページなどで常に公開しておくのも、事務の軽減という観点から有効な手段といえるでしょう。

仮に公開している公文書について開示請求があった場合は、公開している旨などを案内することで請求自体を取り下げてもらい、行政側は事務の軽減化、請求者側は時間と複写代の省略化を図ることも可能です。

なお、条例の内容にもよりますが、ホームページなどで公開していることのみを理由として請求を拒否することはできません。あくまでも任意の取下げであるということに留意する必要があります。

▷▷ 大量の開示請求への対応

情報公開制度は広く住民の「知る権利」に資するものです。よって、例えば「１回の請求で開示可能なのは100枚まで」といった量的な制限は設けられていないのが通例です。

一方、１回当たりの開示請求がおびただしい分量になり、しばしば問題となります。中には繰り返し行われる、嫌がらせのようなものもあります。学校は日々多くの児童生徒や保護者と接しており、場合によってはトラブルに発展することもあるため、こうした事態が生じやすいといえます。

しかも、請求があった以上、職員は対応しなければなりません。その負担が増し、その他の業務に支障をきたすことも想定されます。

しかし、原則的には、文書の開示や部分開示の処理に相当な時間や労力を要することが明らかであっても、分量が多いことのみを理由として、開示請求を拒むことはできません。それに加え、業務上の支障を生じさせることを目的とした請求に該当するなどの理由が必要となります。

また、次のような点も併せて重要となります。

第一に、今まで、開示決定後に、実際に閲覧していたり、写しを受けとったりしているかどうか。

第二に、謝罪や面談、金銭の要求など、何かの要求に対するバーターとして開示請求の取下げをしているかどうか。

第三に、開示請求の内容に過去のものとの重複があるかどうか。

このような実態を踏まえることも重要であり、大量の開示請求の兆しがある場合は、まずは記録をこまめに取ることが必要です。

なお、このような大量の開示請求を「権利の濫用」として明記し、制限する条例もあります。また、権利の濫用とまでは規定しないもの、開示文書の適正利用として規定している条例もあります。

このような規定がなくとも一般的な権利濫用法理として対応することは不可能ではありませんが、条例やそれに基づく基準等があったほうが望ましいといえます。一方で、そのような規定があったとしても、制限が常に許されるとはいえないため、要注意です。

4｜7 ◎…教育委員会と行政手続制度

▶▶ 行政手続制度

行政手続制度とは、行政処分や行政指導、届出の手続について、一般的なルールなどを定めることで、行政運営における公正の確保と透明性の向上を図る制度です。行政手続法で定められているとともに、各自治体においても同法に類似する行政手続条例が定められています。

この制度の複雑な点は、教育委員会などの自治体の機関による行為であっても、行政手続法が適用される場合と、行政手続条例が適用される場合の双方が想定されることです（行政手続法３条３項）。

どちらが適用されるかは、図表20のとおり、行為の種類と根拠に応じて決まります。行政処分等を行う場合は、その根拠が法律なのか条例なのかを確認し、適用される法令に沿って手続を進める必要があります。

図表20　行政手続法・条例の適用関係

	根拠が法律	根拠が条例
行政処分	行政手続法が適用	行政手続条例が適用
行政指導	行政手続条例が適用	
届出	行政手続法が適用	行政手続条例が適用
意見公募手続	行政手続法は不適用	

▶▶ 教示制度

131頁で述べたように、行政処分を行う場合は「教示」を行う必要があります（行服法82条・行訴法46条）。

教示とは、決定に不服がある場合に取りうる救済手続について示すものです。通常、行政処分は書面で行うことが多いと思いますが、書面で行う場合は、教示を行わなければなりません。

この教示ですが、教育委員会の場合は、やや慎重になる必要があります。具体的に見ていくと、教示すべき事項は、主に以下の６点が挙げられます（なお、行政処分によっては他もあります）。

①審査請求を行うことができる場合はその旨
②審査請求を行う行政庁
③審査請求を行うことができる期限
④取消訴訟を行うことができる場合はその旨
⑤取消訴訟において被告となるべき者とその代表者
⑥取消訴訟を行うことができる期限

これらのうち、気を付けるべきポイントは、②と⑤です。

まず、②は、本来的な権限者ではなく、その時点での権限者となります。よって、委任を受けている場合は、受任者が行政庁となります（111頁参照。なお158頁や210頁のように例外もあります）。

一方、⑤ですが、まず被告となるべき者は「自治体」、つまり○○県や□□市などとなります。そのうえで、その代表者は、当該処分の本来の権限者が教育委員会である場合は、教育長などへ委任をしていたとしても、次の規定により、教育委員会となることがポイントです。

■地方教育行政の組織及び運営に関する法律

（抗告訴訟等の取扱い）

第56条　教育委員会は、教育委員会若しくはその権限に属する事務の委任を受けた行政庁の処分（略）若しくは裁決（略）又は教育委員会の所管に属する学校その他の教育機関の職員の処分若しくは裁決に係る（略）地方公共団体を被告とする訴訟について、当該地方公共団体を代表する。

▶▶ 教育行政における特例

行政手続制度は、あくまでも一般的なルールを定めたものであり、個別の法律において行政手続法を適用除外する規定がある場合や、個別の条例において行政手続条例を適用除外する規定がある場合は適用されません。そして、学校における行為については、行政手続制度が適用されないものがいくつかあります。

まず学校において、児童生徒などに対し教育目的を達成するために行われる指導や処分は行政手続制度の範囲外です（例えば行政手続法３条１項７号）。これは、学校における校長・教員と児童生徒などとの関係は、一般的な行政と住民との関係とは異なるものであることを考慮されたものです。

よって、日々行われる生徒指導や、学校教育法に基づく出席停止命令などについては行政手続制度の範囲外となります。

同様に、入学試験などの各種試験結果についての処分についても行政手続制度の範囲外となります（例えば行政手続法３条１項11号）。

これらのほか、各個別法において行政手続制度の範囲外であることを明記しているものもあります。

具体例としては、学校教育法に基づく就学すべき学校の指定処分が挙げられます（同法138条）。学校の指定処分は行政処分に該当しますが、その処分は権利を制限するものではなく、教育を受ける権利を保障するものであり、不利益性がないことが一般的というのがその理由です。

なお、学校の指定処分はハガキなどで保護者に通知されますが、そのハガキなどにおいて、指定先の変更手続が可能であることを示す必要があるとされています（学校教育法施行規則32条２項）。

このように、一般的なルールである行政手続制度の範囲外であることは、各個別法で別のルールが存在することの裏返しであることも多いため、行政処分などを行う場合は、根拠法を綿密に確認する必要があります。

4 8 ◎…教育委員会と公の施設

▶▶ 教育機関と公の施設

自治体は、図書館、博物館、公民館を設置するほか、教育に関する専門的、技術的事項の研究機関や、教育関係職員の研修、保健・福利厚生に関する施設など、各種教育機関を設置することができ（地方教育行政法30条）、その管理運営は教育委員会が行います。

一方、自治法は、公の施設について次のように定めています。

■地方自治法

（公の施設）

第244条　普通地方公共団体は、住民の福祉を増進する目的をもつてその利用に供するための施設（これを公の施設という。）を設けるものとする。

2　普通地方公共団体（次条第３項に規定する指定管理者を含む。次項において同じ。）は、正当な理由がない限り、住民が公の施設を利用することを拒んではならない。

3　普通地方公共団体は、住民が公の施設を利用することについて、不当な差別的取扱いをしてはならない。

このように、公の施設とは、住民の福祉を増進する目的で利用に供する施設のことをいいます。よって、住民の利用を前提としない施設は公の施設には該当しません。

上記した教育機関についていえば、図書館、博物館、公民館が公の施設に該当することは間違いないでしょう。一方、職員のための研修施設や福利厚生施設、給食センターは、住民の利用を前提としていない事例が多いのではないでしょうか。

つまり、教育機関であっても、公の施設に該当するものと該当しないものがあるといえます。

そして、公の施設は条例に基づき設置する必要があり、その管理は、図書館法などの個別法のほか、自治法や設置管理条例に基づいて行う必要があります。

▶▶ 公の施設の利用権

公の施設の管理にあたっては、住民には公の施設を利用する権利があることを強く意識する必要があります。そして、権利を制限することができるのは法律や条例のみですから、公の施設の利用を拒否することができるのは、法律や条例に規定されている事由に該当する場合のみです。

極端にいえば、条例において設置する旨のみを定めた場合は、「365日24時間利用可能」と解釈することも可能です。

しかし、図書館や博物館などの教育機関が365日24時間利用可能というのは、現実的とはいえません。そこで、休館日や利用時間などを検討し、その設置管理条例で定めますが、それは、いわば施設の利用権の範囲を確定していく作業ともいえるでしょう。

つまり、博物館や図書館などの公の施設の管理については、「住民にはその施設を利用する権利が等しくあること」と、「利用を拒否したり、利用にあたって条件を付したりする場合は、法律や条例に基づいた判断が必要であること」の２点に注意する必要があります。

また、社会教育法23条では、公民館において、特定の政党の利害に関する事業や特定の宗教を支持・支援することを禁止しています。

しかし、この規定を根拠に利用制限する場合は、申請者が宗教法人であるなどの形式的な判断ではなく、その参加者や利用形態、実質的な影響などを踏まえて、慎重に検討する必要があります。

▶▶ 公の施設の指定管理

公の施設の管理は、自治体の職員が行う場合（いわゆる「直営」）のほか、第三者に管理を委ねることも可能です。このような制度を指定管理者制度といい、管理する主体を「指定管理者」といいます。

指定管理者制度は、公の施設の管理という自治体の事務を、第三者を指定して行わせるものであるため、委任行政に当たるものです。そして、その指定という行為は、議会の議決を得たうえで行われる一方的な行為であり、その行為により第三者に管理権限が生じることなどから、一般的に行政処分とされています（塩野・行政法Ⅲ 227頁）。

実務的には、その指定処分ののちに、実施すべき事業や管理運営上のルールを詳細に定めた協定書などを締結することが通例です。この中には、129頁で触れた個人情報の取扱いを定めることも必要です。

また、指定管理者は自治体ではないため、指定管理者の職員が作成し、取得した文書は公文書には該当しません。よって、多くの情報公開条例では、指定管理者についても情報公開条例を尊重して対応する旨の規定が置かれています。よって、指定管理に関する協定書においても、情報公開について触れておくことが必要でしょう。

この指定管理者制度は、条例においてその手続や資格などが定められている必要がありますが、どのような公の施設でも指定管理者制度を導入できるかといえば、そうではありません。

公の施設に関する個別法において、第三者による管理運営が許容されていない場合は、指定管理者制度を導入することはできません。

その最たる例が、学校です。学校教育法上、公立学校の管理は自治体の教育委員会が行うとされていることから、公立学校の管理運営を第三者に委任することはできず、指定管理者制度の導入はできません。

一方、清掃業務や警備業務など、全体業務の中の一部について委託することは、学校であっても何ら禁止されていません。したがって、指定管理と一部業務委託との違いを認識し、施設の性質や状況に応じて使い分けることが重要です。

第5章

予算・会計の実務

5 1 ◎…教育委員会と予算

▶▶ 予算とは

予算といえば、歳出予算を思い浮かべる方も多いのではないでしょうか。実際には、予算は、歳入歳出予算、継続費、繰越明許費、地方債、一時借入金、流用から構成されます（自治法215条）。

57頁で触れたとおり、教育行政に関する予算であっても、その編成権は首長にあり、首長が議会に提案し、その可決をもって成立します。教育委員会には予算編成権はありません。

ただし、首長は、教育に関する予算を作成する場合においては、教育委員会の意見を聴く必要があります（地方教育行政法29条）。

予算には様々な原則がありますが、特に重要なものは次のとおりです。

①総計予算主義の原則

会計年度（４月１日から翌年３月31日）における支出と収入は、すべて歳入歳出予算に計上する必要があるとする原則です。そしてこれは、後に触れますが、学校における会計実務に影響してきます。なお、この例外としては、基金への積立てなどが挙げられます。

②会計年度独立の原則

自治体の歳出は、その年度の歳入をもって充てなければならないという原則です。当該年度の支出に前年度以前の予算を充ててはいけません。なお、この例外としては、継続費の逓次繰越、繰越明許費、事故繰越などが挙げられます。

③予算単年度主義の原則

予算はその年度のみを拘束し、次年度以降の予算には影響しません。よって、契約は年度内までの単年契約であることが原則です。なお、この例外としては、継続費や債務負担行為などが挙げられます。

▶▶ 経常的経費と政策的経費

歳出予算は、大きく「経常的経費」と「政策的経費」に分けることができます。経常的経費は、義務的経費とも呼ばれ、毎年一定額の支出を見込まなければならない一方で、政策的経費は、国の動向や首長の公約に基づいて事業が決定され、支出の内訳が検討されます。

学校でいえば、雨漏りの修繕は経常的経費での対応になりますが、大規模な耐震工事は政策的経費となることが通例です。また、学習用タブレットの大量購入は政策的経費ですが、そのメンテナンス費用は経常的経費としていることも多いのではないでしょうか。

▶▶ 予算要求のコツ

予算は自治体の政策などを具体化したものであり、特に歳出予算の要求は非常に重要な業務といえ、住民やメディアの関心も高く、政策をアピールできる手段ともいえます。

一方、総計としての歳出予算はあくまでも歳入予算の範囲内（同額）となります。歳入予算（財源）が無限であるはずはないため、すべての要求が通るわけではなく、最悪「ゼロ査定」ということも想定されます。

予算要求が必ず通る絶対的な方法は「ない」といえますが、その可能性を高めるために留意すべき事項として、概ね次のものがあります。

①予算担当部署の職員の立場を知る

予算担当部署の職員は、財政規律の確保・適正な資源配分・行政サービスの公平供給という使命を負って予算査定を行います。ときには厳しく追及されることもありますが、その多くは使命感の表れでしょう。

一般的に、予算担当部署は、経常的経費を圧縮して、政策的経費の財源を拡充したいと考えています。そこで、まずは各年度の予算編成方針などにより、予算担当部署の職員の立場や考え方、言い換えれば、予算査定のポイントを押さえる必要があります。

また、教育委員会事務局には指導主事を置くこととされているように、教育行政は非常に専門性の高い分野です。一方で、財政担当部署の職員は、基本的に教育分野の「素人」であるといえます。

よって、説明する際には、「業界用語は使わない」「支出の根拠である法令や国の方針などにつき概要を説明する」といった配慮を忘れないようにしましょう。また、予算編成業務が本格化する前に、予算担当部署の職員を教育機関の現場に案内することも有効です。

いわば予算要求を行う事務局職員は「営業」であり、予算担当部署の職員は「顧客」といえます。

②現状や方向性を大まかに、かつ詳細に示す

予算要求で説得力を高めるためには、「現状」と「理想」を明確に示し、今後はどのように対処すべきかについて、できる限り数字や金額を提示することが大切です。

予算担当部署の職員が教育分野の「素人」であるからといって、あなどってはいけません。なぜなら、予算担当部署の職員は、全体の課題を大まかにつかみ、数字で判断することが仕事だからです。

また、提出する資料も、詳細なものばかりではなく、大まかなイメージとして把握できるものや、図面・写真などを加えると効果的です。

③国の動向を把握し示す

教育行政は自治体のみで完遂できるものではありません。学級編制の基準は国において定められているように、教育に関する基本的な枠組みは国が決定しています。

また、国から補助金が支出される事業は、全国的に政策的な誘導が行われているともいえるため、その必要性を検討する必要があります。

このように、国の教育政策の方向性は自治体にとって非常に重要で

す。予算要求している事業が国全体の教育政策に沿っているのか、明確にしておきましょう。

④効果や将来的な展望、メリット（デメリット）を示す

一度開始した事業は、容易には廃止できません。よって、特に新規事業を考える際は、将来的な財政負担を必ず押さえておきましょう。例えば、事業の長期的予定や、その事業に要する人件費等について、将来推計人口と連動させて示すことが求められる場合もあります。

また、「モデル校」「試行」などとして部分的に事業を始める例もあります。その場合は、「何をもって成功とするのか」「誰がいつ成功と判断するのか」など、将来的な財政負担に加えて、検証体制や見通しも説明できるようにする必要があるでしょう。

行政はなかなか効果を数字で表すことは難しく、それは教育行政も例外ではありません。そこで、先行する他の自治体への視察などにより効果を調査することも効果的です。

また、国の補助金が見込まれるタイミングで、時期的に今着手することで結果的に費用対効果の面でメリットがある（反対に、今行わなければデメリットが生じる）場合は、しっかりと伝えましょう。予算担当部署がよく抱く「先送り」を突破できるかもしれません。

一方、公平性を疎かにすることはできません。行政である以上、住民への公平なサービス提供というのは外せないポイントといえます。

⑤根拠のある数字を示す

予算要求にあたっては、「必要な額」を「説得力」をもって提示する必要があります。毎年度において同様の要求が行われるような継続的な事業であっても、「前年度の実績のとおり」とするのみでは、その必要性を疑われてしまいます。

歳出の中には、就学援助費など支出を制限できない義務的経費が存在します。予算の上限に達したからといって支出しないことは許されません。よって、事務局職員としては多めに見積もりたい誘惑にかられます。

しかし財源には限りがあることから、必要な額以上の見積もりがされ

てしまうと、自治体内の他の部署にしわ寄せがいってしまうため、積算の精度を高くして必要な額のみを要求する必要があります。

なお、施設の使用料などの歳入予算も、根拠を示して算出する必要があります。見込んだ歳入が入ってこないと、自治体全体で財源の不足が生じてしまうからです。

⑥教育現場の意見を踏まえていることを示す

「学校の先生は本当に望んでいるんですか？」予算担当部署から、このように思われてしまったら、予算要求を通すのは困難でしょう。

予算が本当に必要であると理解してもらうためには、説得力のある根拠が求められます。予算の内容によっては、少なくとも教員出身の指導主事の見解を踏まえることが肝要でしょう。

⑦「定番」を見直す

既に述べたとおり、予算担当部署は、経常的経費を圧縮して、政策的経費の財源を拡充したいと基本的に考えています。

そこで、まずは、毎年度において同様の要求が行われるような継続的な事業の見直しを検討する必要があります。これにより、必ずしも政策的経費に係る予算要求が認められるとは限りませんが、財政規律の確保や適正な資源配分の観点から必要といえます。

▶▶ 予算に係る教育機関の裁量拡大

成立した予算は各教育機関に配当されますが、その方法は、予算項目ごとに細かく配当する方法と、予算項目ごとではなく総枠として配当する方法（総額裁量予算）があります。予算項目ごとに細かく配当すれば、当然、予算の使途は限られます。

学校についていえば、現場管理者である校長が自らの方針に基づく主体的な学校運営ができるよう、予算等に関する学校裁量の拡大に取り組んでいる自治体も増えており、総額裁量予算も検討に値するといえます。

5 2 ◎…教育委員会の予算執行・契約

▶▶ まず押さえるべき基本

28頁で触れたとおり、教育委員会は予算執行や契約の締結に関する権限を有していません。そして、実務としては、教育委員会事務局から首長部局へ依頼する方法、事務局職員等が首長の補助執行として処理する方法、首長が教育委員会や教育長その他の職員に権限を委任する方法が挙げられます。

首長から教育委員会や教育長、その他の職員への委任や補助執行を可能とする根拠規定は、自治法の180条の2となります。

この規定のうち重要な部分について、教育委員会の場合を当てはめ、分解して図示すると次のようになります。

図表21　自治法180条の２の分解図

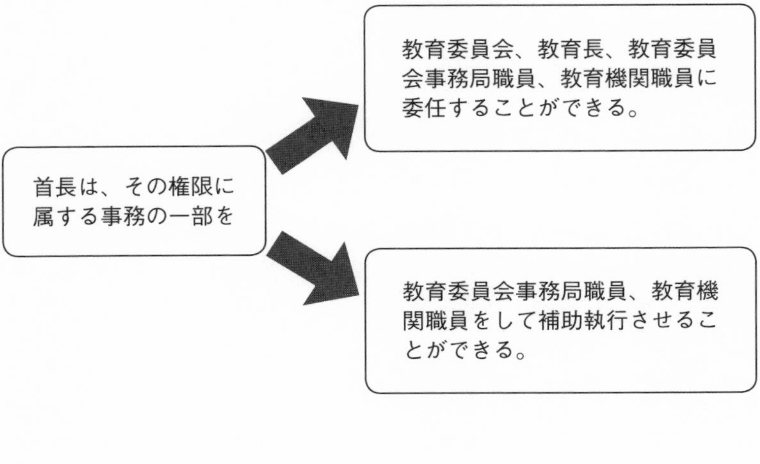

首長は、その権限に属する事務の一部を

→ 教育委員会、教育長、教育委員会事務局職員、教育機関職員に委任することができる。

→ 教育委員会事務局職員、教育機関職員をして補助執行させることができる。

このとおり首長からの委任は、事務局職員や教育機関職員のほか教育委員会や教育長も対象となります。

一方、首長の補助執行とすることができるのは、事務局職員や教育機関職員のみとなるため、契約事務や予算執行を補助執行として処理する場合は、教育委員会の決定や教育長の決裁は想定されません。

▶▶ 教育機関と契約

具体的な契約事務自体は、各自治体において別の特例がある場合を除き、首長部局の契約事務と同じです。一般競争入札を原則とし、自治令で定める場合に該当する場合は、指名競争入札や随意契約などによることができます（自治法234条１項・２項）。

学校は、日々多くの児童生徒に使用されており、補修する回数は非常に多いのではないでしょうか。そのような場合は、「随意契約で……」との誘惑にかられます。しかし、いかに頻度が多いとはいえ、それだけでは随意契約を行うことができる事由には該当しません。

一方、教育委員会は、学校や図書館といった多くの教育機関を管理する責務を負っており、各教育機関の利用者が安全に利用できるように配慮する義務を負っています。

また、大規模な水漏れなど、授業や学校行事に大きな支障が生じるようなアクシデントが発生した場合は、速やかに修繕などを行う必要があります。

それらを踏まえると、原則である一般競争入札はいうまでもなく、指名競争入札を行っていては、児童生徒の安全の確保や、授業などの円滑な遂行が覚束なくなることも予想されます。

このような場合は、児童生徒の安全の確保や円滑な教育もまた極めて重要なものであることを考慮すれば、自治法施行令167条の２第５号による、いわゆる緊急随意契約も検討に値します。

ただし、緊急随意契約は例外中の例外であることに変わりはありません。経過をまとめた記録や緊急随意契約を行った理由、学校責任者である校長の意見、現場の写真などにより、緊急随意契約が正当なものであることを示すものを整理し、保管しておく必要があります。

▶▶ 要綱と契約

教育委員会事務局は、様々な補助金などを交付する機会がよくありますが、要綱を根拠とすることも少なくありません。このような要綱が、民法に定める「定型約款」に該当する場合があります。

定型約款とは、「定型取引において、契約の内容とすることを目的としてその特定の者により準備された条項の総体」とされ、この定型取引とは「特定の者が不特定多数の者を相手方として行う取引であって、その内容の全部又は一部が画一的であることがその双方にとって合理的なもの」とされます（民法548条の２）。

要綱に基づく補助金等の決定・支出に際し、その都度個別に、契約内容を詳細に記載した契約書を取り交わす事例は稀ではないでしょうか。要綱の内容が契約内容そのものである場合は、その要綱は定型約款に該当する可能性があるといえます。

要綱が定型約款に該当する場合で、相手方がその個別の条項に合意したとするためには、要綱を契約の内容とする旨の合意をしたことや、定型約款を契約の内容とする旨を相手方に表示する必要があります（民法548条の２）。よって、申込書などの様式に「要綱の内容に合意する」旨を記載しておくことや、チラシ・案内などに要綱に基づくものであることを明記するといった工夫が必要となります。

また、定型約款に該当する要綱は、インターネットでの公表や相手方の要求によりすぐに交付できるようにしておく必要があります（定型約款表示義務。民法548条の３）。

定型約款である要綱を改正する場合は、その内容が相手方にとって不利益的な内容であっても、改正内容に合理性があるなどの要件に該当する場合は、合意があったとみなされます（民法548条の４）。

実務上支出の根拠となる要綱を定めることも多いですが、その内容により民法との整合性に配慮する必要があるといえます。

5｜3 ◎…教育財産の適正管理

▶▶ 自治体における財産と教育財産

「自治体の財産」と言われたら、何を思い浮かべるでしょうか。土地や現金を挙げる方が多いかもしれません。

自治体における財産の種類は自治法237条や238条で明記されており、その重要なポイントのみを図示すると次のとおりです。

図表22　自治法上の財産の区分

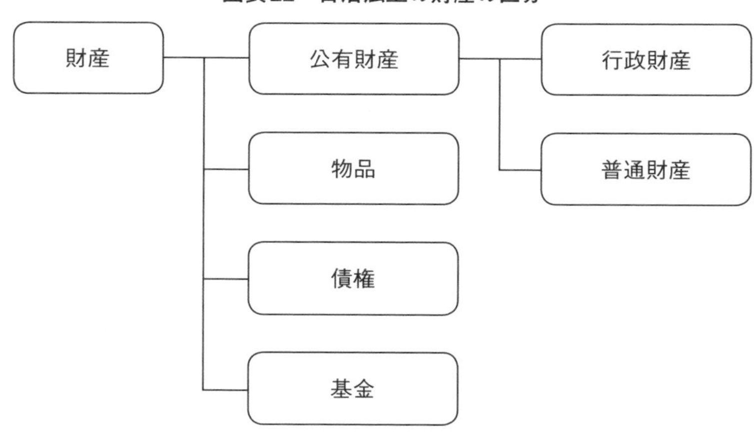

公有財産は船舶や地上権、著作権、株式などが自治法で明記されており、その種類は多岐にわたりますが、特に重要なものは土地などの不動産です。

土地などの公有財産のうち、公共用・公用に供しているものを行政財産といい、それ以外を普通財産としています。

そして、これら財産のうち教育委員会が管理すべきものが、「学校その他の教育機関の用に供する財産」（教育財産）です（地方教育行政法21条2号）。学校の敷地や校舎が教育財産の典型例といえます。

▶▶ 教育財産の維持管理

教育財産の管理にあたっては、児童生徒や利用者が安全に利用できるようにする「安全配慮義務」に留意する必要があり、そのためには日々の管理が何よりも重要といえます。

教育財産、特に校舎や体育館などの建築物は、時間の経過により破損や修繕が避けられないものです。しかし、定期的な点検などにより建築物の状態を把握し、危険の兆候を早めに把握することで、児童生徒や利用者の安全を確保できます。

また、もし定期的な点検を行わなかったとすれば、危険の兆候を見逃すとともに、もはや修繕ではなく、より支出を要する大規模改修が必要となることも想定されます。この場合、長期間にわたり授業や各種活動に支障が生じるおそれもあるでしょう。

▶▶ 教育財産と取得時効

教育財産は、教育という公共のための財産です。他人に奪われることはありえないと思うかもしれませんが、実は、他人に奪われる可能性はゼロではありません。土地を例に挙げてみましょう。

一般的に、他人の土地であっても、それを20年間（相手方が他人の土地であることを知らずに占有している場合は10年間）占有すれば、占有者はその所有権を得ることができます（取得時効。民法162条）。

教育財産を含む行政財産である土地は、公共のための土地であり、一般的な私有地と全く同じとはいえず、公用の廃止（教育目的など公共用の財産との位置付けをやめること）を行わない限りは、取得時効は成立しないと考えることも可能かもしれません。

しかし、次の要件を満たす場合は、「黙示的に公用が廃止された」として、行政財産である土地であっても取得時効が成立することがあります（最判昭和51年12月24日民集30巻11号1104頁）。

①長期間放置され、事実上公共目的に供されていないこと
②行政財産としての形態や機能を喪失していること
③他人が占有していた間、公共目的上の支障が生じなかったこと
④行政財産としての位置付けを維持する理由がないこと

教育財産である土地であっても、上記した４つの要件を満たす場合は、黙示的に公用が廃止されたとして、その占有者に所有権が移ることになります。これは、自治体としての財産を手放したということであり、不適切な財産管理の「成れの果て」ともいえるでしょう。

こうした事態に陥らないようにするためには、次のことを行う必要があります。

①登記簿や図面（公図）により教育財産の範囲を明確にする
②他人が占有している場合は速やかに立ち退くよう促す
③なかなか立ち退かない場合は書面で促す
④それら一連の行為を記録として残しておく

しかし、それら行為を行ったとしても、占有者自身が不法占有を承認した場合を除き、取得時効の進行を絶対的に止めることはできません。取得時効の成立を絶対的に止めるには、訴訟や調停の手続を経る必要があるため、要注意です。

▷▷ 債権の管理

教育行政においては様々な金銭のやりとりが発生します。それは学校給食費であったり、目的外使用許可に伴う使用料であったり、虚偽申請に基づき支給した補助金の返還金であることもあるでしょう。それらはすべて「債権」であり、財産として適切に管理する必要があります。

図表23　債権の種類ごとの対応表

<table>
<tr><th></th><th>強制徴収
公債権</th><th>非強制徴収
公債権</th><th>私債権</th></tr>
<tr><td>納入通知</td><td colspan="3">法231条</td></tr>
<tr><td>督促</td><td rowspan="4">法231条の3</td><td rowspan="4">法231条の3</td><td>令171条</td></tr>
<tr><td>手数料・延滞金</td><td>事案による</td></tr>
<tr><td>送達</td><td>民法</td></tr>
<tr><td>審査請求</td><td>—</td></tr>
<tr><td>履行期限繰上</td><td colspan="3">令171条の3</td></tr>
<tr><td>債権の申出</td><td colspan="3">令171条の4</td></tr>
<tr><td>徴収の停止</td><td rowspan="4">地方税法等</td><td colspan="2">令171条の5</td></tr>
<tr><td>履行期限特約等</td><td colspan="2">令171条の6</td></tr>
<tr><td>免除</td><td colspan="2">令171条の7</td></tr>
<tr><td>強制執行</td><td colspan="2">令171条の2</td></tr>
<tr><td>時効</td><td colspan="2">法236条1項</td><td>民法</td></tr>
<tr><td>時効の援用</td><td colspan="2">不要（法236条2項）</td><td>必要（民法）</td></tr>
<tr><td>時効の更新</td><td colspan="3">法236条4項</td></tr>
</table>

※法：自治法　令：自治法施行令

そして、その債権の管理とは、保全、取立て、変更、消滅に関する事務を指します。特に重要なのは、取立てと消滅でしょう。つまり、回収すべきものは適切に回収し、消滅すべきものは法令に即して消滅させる必要があります。

債権を保全する前提として、その債権が公債権なのか、私債権なのかを確定させる必要があります。必ずしも一概にはいえませんが、大まかにいえば、法令に基づく行政処分により発生するものは公債権となり、私法上の原因により発生するものは私債権となるのが通例です。

公債権の典型例は目的外使用許可に伴う使用料が挙げられ、私債権の典型例は学校給食費が挙げられます。

補助金の返還金については、その補助金をどのように位置付けているかによります。要綱などに基づく寄附金であれば私債権、法令に基づく行政処分とするのであれば公債権となることが通例ではないでしょうか。

また、公債権自体も、大きく、自治体による強制措置である滞納処分が可能な公債権（強制徴収公債権）と、滞納処分ができない公債権（非強制徴収公債権）の２つに区分されます。

この強制徴収公債権は自治法に明記されており、分担金、加入金、過料などが挙げられ（自治法231条の３第３項）、それら以外は非強制徴収公債権に該当します。

債権の位置付けが決まれば、その後に行うべき手続（図表23のとおりです）が決まるため、保有する債権がいかなる債権なのか決定することは非常に重要といえます。

①時効・消滅・免除に関する補足

令和２年４月に民法が改正され、時効の取扱いが大きく変わりました。保有する債権、特に私債権が、法改正の前に発生したものなのか、後に発生したものなのかによって、時効が成立する期間が変わることがあります。そこで、債権が発生した日を明らかにしておく必要があります。

また、公債権は、相手方の時効の援用（時効の利益を受けようとする意思表示）が不要です。よって、一定の期間が経過すれば消滅します。

逆に、私債権は、相手方が時効を援用しなければ、時効により消滅することはなく、公債権のように自動的に消滅することはありません。

主に私債権が該当しますが、債権を放棄する事情がある場合は、「権利の放棄」として議決を得るか、条例（いわゆる債権放棄条例など）に基づき消滅させることも可能です。なお、議会の議決を得て債権を放棄する場合は、議決後に、首長による放棄する旨の意思表示が別に必要とされているため（最判平成24年４月20日民集66巻６号2583頁）、要注意です。

また、自治法施行令171条の７に規定する要件を満たせば、債務を免除することも可能です。

実務上よく行われる「不能欠損処理」とは、あくまでも、放棄や免除などにより消滅した債権について、財務会計上においても消去させる手続に過ぎず、法的な効果が生じるものではありません。不能欠損処理により、権利としての債権が消滅するわけではないことに注意する必要があります。

②納入通知・督促に関する補足

公債権・私債権にかかわらず、納入の通知や督促については時効を更新させる効力がありますが、二度目以降の督促は「催告」に過ぎず、猶予期間は付与されますが、時効を更新させる効力はないとされています。

なお、督促状の様式が法定されているわけではありませんが、少なくとも次の内容が記載されている必要があります。

①債権の種類と額
②納期限（履行期限）が経過していること
③納付（履行）がなされていないこと
④納付（履行）すべき期限

債権の管理にあたっては、その債権が発生した日に加え、納入通知書を送付した日や最初の督促を行った日を記録しておくことや、送付した事実がわかるような送付手続を経る必要があります。

なお、催告によって時効の完成が猶予されている期間中に、再度催告を行ったとしても、猶予期間が延長されるわけではないため（民法150条２項)、催告は計画的に行う必要があります。

5 4 ◎…教育財産の活用と限界

▶▶ 目的外使用許可

よく庁舎内に飲料水の自動販売機が設置されています。

当然、有料ですが、「なぜ庁舎内に有料の自動販売機の設置ができるのか」、もっといえば、「なぜ、いわば営利行為ができるのか」と思う方もいるでしょう。

その答えの１つが、「目的外使用許可」です。

行政財産は公共のための財産ですから、その目的に沿って利用しなければならず、第三者に貸し付けたりすることは原則としてできません。

一方、行政財産は、その用途や目的を妨げない範囲であれば、使用を許可することができ、これを一般に「目的外使用許可」あるいは単に「使用許可」と呼びます。

■地方自治法

（行政財産の管理及び処分）

第238条の４　行政財産は、次項から第４項までに定めるものを除くほか、これを貸し付け、交換し、売り払い、譲与し、出資の目的とし、若しくは信託し、又はこれに私権を設定することができない。

２～６　（略）

７　行政財産は、その用途又は目的を妨げない限度においてその使用を許可することができる。

８・９　（略）

これにより、庁舎を例に挙げれば、庁舎利用者や業務の邪魔にならない範囲で自動販売機などの設置を許可することができます。

教育財産は、学校その他の教育機関の用という行政目的に供しているものであり、行政財産でもあるので、自治法における行政財産に関する諸規定も適用され、使用許可を行うことは可能です。

したがって、本来利用に支障をきたさなければ、スポーツ施設に飲料水の自動販売機を設置したり、博物館にカフェを設置したり、学校に売店を設置したりすることも可能です。むしろ、その利用者の利便性の向上に資するとともに、教育財産の価値を高めるものともいえるでしょう。

▷▷ 使用許可と使用料

行政財産の使用許可は、相手方の申請に対する行政処分となります。その権限者は首長ですが、教育財産については教育委員会がその管理権を持っているため、教育委員会が本来的な権限者となります。

さて、この使用許可ですが、一般的には無償ではなく有償であり、条例に基づいて使用料を徴収するのが通例です。その一方で、同じく条例に規定があれば、使用料を減額ないし免除することも可能です。

この使用料の徴収や減額・免除の決定は、「予算の執行」に該当するものであるため、教育委員会の権限ではなく、首長の権限とされています。つまり、使用許可の権限者は教育委員会、その使用料の決定権者は首長と、それぞれ異なるため、注意が必要です。

次に、地方財政法との関係もポイントとなります。

■地方財政法

（国が使用する地方公共団体の財産等に関する使用料）

第24条　国が地方公共団体の財産又は公の施設を使用するときは、当該地方公共団体の定めるところにより、国においてその使用料を負担しなければならない。但し、当該地方公共団体の議会の同意があつたときは、この限りでない。

このように、国が自治体の財産を使用する場合は、原則として使用料を負担する必要があることが別に明記されています。一方で議会の同意がある場合は負担を求めないことができるとされており、一般的には条例で明記することにより減免しています。

条例を根拠としているとはいえ、地方財政法で別に明記されている趣旨を考慮し、国が使用する場合における使用料の減免は慎重な判断が必要といえます。

なお、使用許可は教育委員会による行政処分であり、処分をする際には教示が必要となりますが、審査請求を行う行政庁は首長となります。これは自治法238条の7に基づく特例であり、210頁で触れる審査庁の特例となります。

▶▶ 教育財産の貸付け

教育財産を本来の目的外の用途として活用する手法には、使用許可のほかに、「貸付け」があります。この貸付けは、例えば庁舎に余剰スペースがあるときに、民間業者などに貸し付けるなどにより、その有効活用を推進する場合に認められるものです（自治法238条の4第2項1号～4号）。

貸付けは、行政処分ではなく、民事上の契約によるものとなり、首長の権限となります。なお、借地借家法の規定が適用されます。

▶▶ 使用許可と貸付けの共通点・相違点

「使用許可」と「貸付け」という、教育財産を活用する2つの手段には、それぞれ次のような共通点・相違点があります。

共通点は、いずれも行政財産の本来の使用目的にとって支障とならないことです。これは、その時点のみならず将来的な見通しを含めて判断する必要があります。例えば、学校の場合であれば、使用許可や貸付けを行っても支障はないか、教育に影響はないか、宗教性はないかについて検討し、将来的な児童生徒数や必要な教室数、災害時など危機管理上必要と見込まれる設備のスペースなどを考慮したうえで決定するとともに、校長の意見をあらかじめ聞いておくことは必須でしょう。

次に相違点ですが、まず期間が挙げられます。法令上明確に定められているわけではないものの、使用許可は原則として1年程度とし、必要に応じて更新などの手続を行うことが多いのではないでしょうか。その一方で、貸付けは、比較的長い期間も許容されています。

先に挙げた事例では、自動販売機の設置は多額の初期費用を必要としないために目的外使用許可とし、カフェやレストランは、人件費なども含めてかなりの初期費用を必要とするため貸付けとする、といった区分も可能でしょう。

手続については、貸付けは契約行為となるため、一般競争入札など通常の契約手続と同様になります。

これに対し、使用許可は行政処分であり、相手方の申請があって初めて検討し、判断することになります。しかし、行政としては最も良い条件で使用してほしいという希望があるのが普通であるため、事案によっては、広く公募したり、個別の企業に依頼したりすることもあります。

また、使用許可や貸付けの期間中に、そのスペースについて本来の目的として使用する必要が生じた場合の対応も、やや異なります。

貸付けは契約であるため、その解除が必要となります。そして、この解除により相手方に損失が生じた場合は、原則として、補償を行わなければなりません。

他方、使用許可は、あくまでも行政処分であるため、それを取り消す処分（いわゆる「撤回」）を行う必要があります（自治法238条の4第9項）。この取消しにより相手方に損失が生じた場合、その補償を検討しなければなりません。許可期間などの許可条件や、収益の実態などにより補償が必要ない場合もあるため、慎重な検討が求められます。

▶▶「本来業務ではないか」という観点も重要

使用許可にせよ貸付けにせよ、その目的となる行為（例えば飲料水の販売など）は、いずれも「自治体の本来業務でない」という前提があります。よって、使用許可にせよ貸付けにせよ、まずは本来的に自治体の業務なのかどうかという観点からの検討が欠かせません。

しばしば、「高等学校における学食を運営する業者が見つからない」という情報に接します。このような場合は、個別の企業に依頼することが多いかもしれません。しかし、食育の推進が自治体の責務となっていることからも（食育基本法10条）、よくよく検討すると、実は自治体の業務、あるいは「教育の場」と捉えることも可能かもしれません。

教育財産の管理・運営手法には様々な手法が検討されてしかるべきといえます。

▶▶ 教育財産と政教分離

「政教分離」という言葉のルーツは、憲法にあります。

■日本国憲法

第20条　信教の自由は、何人に対してもこれを保障する。いかなる宗教団体も、国から特権を受け、又は政治上の権力を行使してはならない。

②　（略）

③　国及びその機関は、宗教教育その他いかなる宗教的活動もしてはならない。

第89条　公金その他の公の財産は、宗教上の組織若しくは団体の使用、便益若しくは維持のため、又は公の支配に属しない慈善、教育若しくは博愛の事業に対し、これを支出し、又はその利用に供してはならない。

政教分離とは、簡単にいえば、行政と宗教との関わり合いを持たせないことにより信教の自由を保障するものです（なお、行政と宗教との関わり合いを一切排除する趣旨ではありません。芦部・憲法165頁）。

具体的には、教育と宗教の関係を定めた憲法20条3項がまずは挙げられます。この規定は、公立学校におけるあらゆる宗教教育を禁止したものではなく、特定の宗教のみを取り上げた教育や宗教を排斥することを目的として行われる教育などを禁止するものです。

政教分離がない状態を想像すれば、政教分離の重要性が理解しやすいかもしれません。

例えば、特定の宗教のみを取り上げ、その宗教を称賛するような授業を行った場合、児童生徒がその影響を受けることは必至です。これは、公立学校において、特定の宗教を優遇し、逆に他の宗教を排斥したとの評価を受けることになりえます。

このように、行政が特定の宗教に特権を与えないことによって、信教の自由を保障するものが「政教分離」といえます。

財産管理と政教分離については、憲法89条前段が挙げられます。

学校施設などは、本来的には一般利用に供されている財産ではありません。宗教団体に学校施設などの使用を許可し、何らかのイベントを行う場としたり、宗教的施設を設置したりすることなどは、特別の便宜供与とみなされる余地もあるため、その対応は慎重に行う必要があります。

この点につき、広く一般に利用されることが前提となっている公の施設とは、考え方が根本的に異なります。公の施設では、他の一般的な利用者と同一条件で、宗教団体に利用させることは、基本的には禁止されていないといえます。

また、一般的に宗教としての要素があったとしても、文化財として保護の対象となるものもあれば、観光資源や国際親善といった、別の側面での公益的な意義を有していることも少なくありません。

政教分離自体が難しい考え方であることも踏まえれば、教育財産の管理について宗教上の問題が生じた場合は、弁護士などの専門家と協議することが望ましいといえます。

なお、自治体の財産管理と政教分離、特に貸付料や使用料については、次の最高裁判例が参考となります。

①空知太神社事件（最判平成22年1月20日民集64巻1号1頁）

市有地を無償貸与し、その土地に神社施設が設置されていたことが政教分離を定める憲法に違反するとされた事例

②孔子廟事件（最判令和３年２月24日民集75巻２号89頁）

都市公園内に孔子等を祀った施設を所有する法人に対して、その使用料を全額免除したことが政教分離を定める憲法に違反するとされた事例

▶▶ 学校施設の幅広い活用と限界

学校施設は、「学校教育としての用途」以外にも幅広く活用されることが想定されています。

学校教育法137条や社会教育法44条では社会教育のための学校活用、スポーツ基本法13条では学校におけるスポーツ施設の活用について明記しています。なお、いずれも学校教育に支障がないことが要件とされており、使用許可により行われています。

社会教育とは、「学校の教育課程として行われる教育活動」以外の教育活動です。文化活動やスポーツを通じた地域住民の生涯学習意欲の向上や健康の保持増進のため、学校開放事業として学校施設の活用が行われていることが多いのではないでしょうか。

このように、学校施設は、本来の用途である学校教育に支障がない限りで、様々な活用が推奨されています。

ここでも憲法89条後段が関係してきますが、「公の支配に属さない教育事業の自主性」を尊重し、そのような事業への支出や財産を利用させることは禁止されています。

しかし、「公の支配」の解釈については、最高裁判例はないものの、緩やかに解釈されており、また「教育の事業」は厳格に解釈されているため通常の文化活動やスポーツイベント、バザーなどのイベントは許容されています（鈴木・学校教育法1146頁）。ただし、学校施設などの教育財産の活用については、憲法上の問題が常に存在することは、意識する必要があるでしょう。

5 ◎…学校とお金

▶▶ 義務教育の無償の範囲

憲法26条２項は「義務教育は、これを無償とする」と定めています。この規定により、義務教育に要するすべての費用が無償となっているかといえば、そうではありません。憲法26条２項でいう無償とは、あくまでも「授業料不徴収」を意味するとされています（芦部・憲法286頁）。

しかしこれは「授業料以外は有償としなければならない」という趣旨ではなく、実際に、授業料以外にも無償となっているものはあります。

一方で、公立学校において必要となる費用については、保護者の負担（私費負担）となっているものも少なくありません。

▶▶ 公会計と私会計

自治体における財政運営は、年度が始まる前に予算編成が行われ、議会の議決を経た予算をもとに、年度内に当該予算の範囲内で各事業への支出が行われます。このような自治体の会計を「公会計」といいます。

一方、教育委員会事務局内では「私会計」という用語もしばしば登場します。私会計とは、いわば公会計の逆の概念です。例えば、公立学校において、保護者から口座振替や現金により集金したものを管理し、業者へ直接支払する方式であり、自治体の予算などに基づかないものです。

教育委員会では、公会計と私会計という用語に触れる機会が、首長部局に比べ、非常に多いといえます。

▶▶ 学校における公費・私費とその管理

学校教育に要する費用のうち、公費で賄われているものとして真っ先に挙げられるものは、人件費です。

87頁で触れたように、人件費は国と都道府県が負担することが原則です。また、学校施設の整備や維持管理は公費で賄われています。戦前は設置者負担とされ、市町村の負担でしたが、戦後、施設費国庫負担法が制定され、その一部につき国庫負担となっています。なお、光熱水費も公費負担となっています。

公立の小中学校など義務教育課程においては、その授業料は無償であることは前記のとおりですが、各教科の主たる教材である教科書も、教科書無償法により無償となっています。

一方、私費で賄われているものは、大きく3つに分類されます。

第一に、児童生徒の個人的な所有物であるものがあります。具体的には、制服や体操着、カバン、名札、参考書、辞書などが挙げられます。

第二に、児童生徒の自主的な活動に要するものがあります。具体的には、部活動活動費や部活動遠征費が挙げられます。

第三に、教育活動には該当するものの、児童生徒に直接的利益として還元されるものが挙げられます。具体的には、修学旅行や遠足の費用、書道具や彫刻刀の費用、模擬試験費用が挙げられます。

このように、学校教育では、自治体による差異はありますが、公費と私費とが混在しています。そして、私費には、各学校単位で「私会計」として管理されているものが多数あります。

例えば、修学旅行費の積立金などを各学校で徴収する場合は、各校長が設けた金融機関口座で「学校預り金」や「学校徴収金」として管理されているのが通例でしょう。これがまさに「私会計による私費の管理」の典型例です。

いわば自治体の予算に基づく公会計制度とは別の世界といえ、事務局職員、特に、行政職員からすれば、このような公費と私費、公会計と私会計とが混在する学校会計の実務には、戸惑うことが多いかもしれません。

▶▶私費の取扱いで留意すべきこと

学校運営における私費の取扱いでは、次のことに留意する必要があります。そして、私費の取扱いについては、各学校に完全に委ねる方法もありますが、教育委員会事務局において共通ルールを策定することも検討に値します。

①何が私費負担なのか明確にする

私費負担とは「児童生徒の保護者負担」という意味です。よって、どのような項目が私費となるのかを明確にし、保護者にあらかじめ説明する必要があります。

②私費負担とすることが可能なのか検討する

どんな項目でも私費にできるわけではありません。例えば、学校教育法５条、 地方財政法27条の３及び同条の４に規定されているように、法令上市町村の負担とされているものは、私費とすることはできません。したがって、教職員の給与や出張費、施設修繕費などを私費として保護者負担とすることはできません。

③会計処理を明確にする

いかに私費を私会計で管理するとはいえ、不透明な管理は許されません。まずは、公費と私費とを明確に分けることが必要であり、かつ、公費に準じた支出手続や管理が図られるべきといえます。

また、同じ私費であって私会計で管理するとしても、保護者からの預り金と、PTAなどの学校関係団体からの寄附金などとは分けて管理されるとともに、決算の内容などを保護者に伝達する必要があります。

④費用対効果を意識する

公費の場合、特に契約を締結して支出する場合は、一般競争入札が原則であり、法令の規定により一定程度の競争性が機能しますが、私費となると、そのような機能はありません。

私会計で管理する私費のうち、特に教育活動に該当するものについては、公費と同様に、最少の経費で必要な効果を得られることを意識するとともに、保護者の負担軽減面から、コスト意識を持って管理する必要があります。

▶▶ 就学援助、教育扶助

このように学校現場は「保護者負担ありき」といえますが、経済的な事情により負担が困難である家庭に対して支給されているのが、就学援助と、生活保護としての教育扶助です。

就学援助の対象となる主な項目は、学用品、通学用品、遠足などの校外活動費、修学旅行費、学校給食費、卒業アルバム代、クラブ活動費などが挙げられます。

ただし、就学援助の支給を受けることができる要件や、項目によっては限度額や対象範囲が決まっているものも多いので、保護者への説明は丁寧に行う必要があるでしょう。

次に、教育扶助は、生活保護法に基づく扶助であり、教材代や学校給食費、通学のための交通費、学習支援費などが挙げられます。

生活保護制度は、「他法・他施策の活用」を原則としています。例えば、児童扶養手当の受給要件を満たしているのであれば、生活保護と併せて申請することが挙げられます。

この「他法・他施策の活用」は就学援助制度にも適用されます。よって、就学支援制度の資格要件を明確にし、少なくとも、双方から支給される重複や、双方からも支給されない「お見合い」にならないように調整する必要があります。

5-6 ◎…学校給食費と債権管理

▶▶ 学校給食費の負担者

公立学校では、広く学校給食が実施されています。学校給食の運営には、水光熱費や人件費、食材費などが必要ですが、このうち水光熱費など調理施設の維持管理費や人件費は設置者である自治体の負担であり、食材費は児童生徒の保護者の負担とされています（学校給食法11条）。

つまり学校給食費は、全体として見れば公費と私費とが混在しており、そのうちの食材費のみが私費負担といえます。

▶▶ 私会計による学校給食費の管理

私費負担である学校給食費（食材費）は、従来は私会計で処理している自治体が大半でした。例えば、学校、つまり教職員が集金し学校口座で管理され、学校から一括して食材業者や発注団体などへ支払われる仕組みです。事務局が直接的に関与することはあまりありません。

このような仕組みの私会計には、次のような問題が指摘されています。

①法的に誰が債権者なのか不明確で、滞納者への対応が進みにくい
②学校における現金収受が想定され、管理上の安全性に課題がある
③集金や管理を学校、つまり教職員が行っており、負担となっている
④未納者への対応も教職員が行っており、一層負担となっている
⑤会計処理が不透明である

▶▶ 学校給食費の公会計化の流れ

このような問題点から、近年では学校給食費の公会計化が進んでいます。つまり、私費負担である学校給食費（食材費）を自治体の歳入歳出予算として計上し、自治体として管理運用を行う自治体が増えてきています。

なお、令和元年に「学校給食費徴収・管理に関するガイドライン」(文部科学省初等中等教育局）を作成するなど、国も公会計化を推進しているといえます。

この公会計化のメリットとしては次のようなものが挙げられます。

①債権者が自治体（首長）となり、明確となる
②学校が集金するのではなく、事務局が集金することができ、教職員の負担が軽減する
③未納者への対応も事務局が行うことができ、教職員の負担を一層軽減できる
④学校における現金収受がなくなる
⑤学校口座振込だけではなく、様々な手法により収納が可能となり、保護者の利便性が増す
⑥予算化することにより会計処理の透明性を高めることができる

一方で、「事務局の負担は相当程度増加する」「『学校と保護者の関係』から『事務局と保護者との関係』となり、関係性が希薄となるため、未納が増える可能性もある」といったデメリットも指摘されています。

▶▶ 公会計化された学校給食費の運用

公会計化されたとはいえ、保護者から納入された学校給食費は、学校給食の食材費に充てられるべきであり、特定の使途に充てる特定財源ともいえます。よって、一般的な歳入として扱う一般会計とすることも可能ですが、財源の運用状況を明確にすることから、一般会計から独立した特別会計とすることも可能です。

なお、特別会計の場合は、一般会計とは異なり、消費税の申告義務が発生するため、注意する必要があります。

▶▶ 学校給食費と債権管理

公会計における学校給食費は自治体（首長）が債権者であり、その債権は私債権となります。よって、その管理は153頁で触れたとおりです。

さて、仮に学校給食費の納入がなされない場合は、面会による交渉や督促などにより、その支払いを促します。なお、この段階では、納入を求めること一辺倒にならず、就学援助など別の支援につなぐ意識も持っておく必要があります。

滞納状態を放置することは、他の保護者との公平性・公正性を確保するうえで適切とはいえません。しかし、給食を提供しないことができるかといえば、制度上は不可能ではないかもしれませんが、学校現場としては難しいといわざるを得ないでしょう。

この場合、それ以外の法的措置を検討することになりますが、学校給食費は私債権であり、滞納処分はできないため、まずは支払督促や訴訟（少額訴訟を含む）、調停などで債務名義（判決や和解調書など）を得る必要があります。こうした手続を経て、初めて強制執行を申し立てることができます。

また、重要なことは、財産の調査をあらかじめ行うことです。財産としては不動産や給与債権が挙げられますが、何より差押えの対象とする金融機関口座の調査は不可欠といえます。

強制執行手続の際に必要なものは主に次のとおりです。

- 債権差押命令申立書
- 執行力のある債務名義の正本（執行文が付いた判決正本など）
- 債務名義正本の送達証明書
- 当事者目録、請求債権目録、差押債権目録

5 7 ◎…地方財政法と負担金・寄附金

▷▷ 地方財政法の概要

地方財政法は、自治体の財政運営、国の財政と自治体の財政との関係などの基本原則を定める法律です。地方財政法では、自治体に対する国の財政的な負担についても規定しています。もちろん、原則としては、自治体の事務のために要する経費はその自治体が全額負担しますが（9条)、国の利害に関係する事務に要する経費については、国がその全部・一部を国が負担します（10条～10条の４)。

87頁で触れた、教職員の人件費が、まさに一部負担の典型例です。また、身近なものとしては、国会議員の選挙に要する費用は国が全額負担することとされています。

この地方財政法において実務上重要なものとしては、負担金や寄附金の取扱いです。

▷▷ 負担金と地方財政法

都道府県が建設事業を行う場合は、それにより利益を受ける市町村に対し、議決等を経たうえで、負担を求めることができます（地方財政法27条１項)。しかし、この「建設事業」には「高等学校の施設の建設事業」が除かれています。よって、都道府県は市町村に一切の負担を求めることはできません。

また、同じく高等学校の施設の建設事業費について、住民に負担を転嫁することもできません（地方財政法27条の３)。

これと似たような規定が地方財政法27条の４であり、市町村は、職員の給与費や公立小中学校の維持費・修繕費について、住民に負担を転嫁することができません。

これら「住民」には、一般人のほか法人も含まれ、PTAや町内会などの団体を通じた徴収も許されないとされています。これらの規制は負担を求めることを禁止したものであって、真に任意的な寄附までも禁止したものではありません。しかし、「真に任意的な寄附」に該当するか否かについて、寄附の意思決定手続や経過などを確認し、記録しておく必要があるでしょう。

▶▶ 他の自治体への寄附や負担の適法性

このように、強制的ではなく真に任意なものであれば、寄附自体は禁止されていないといえますが、自治体間の負担や寄附については、また別の検討すべき点があります。

■地方財政法

（地方公共団体相互間における経費の負担関係）

第28条の2　地方公共団体は、法令の規定に基づき経費の負担区分が定められている事務について、他の地方公共団体に対し、当該事務の処理に要する経費の負担を転嫁し、その他地方公共団体相互の間における経費の負担区分をみだすようなことをしてはならない。

この規定のとおり、自治体は、法令の規定により経費区分が定められている場合は、他の自治体の負担とすることはできません。都道府県の事務に要する費用は都道府県が、市町村の事務に要する費用は市町村が、それぞれ自らが負担すべきです。

具体的に問題となったものを２件取り上げます。

１つは、ある町が、ミニパトカー２台を県（警察）に寄附した行為が、地方財政法28条の２に違反するとされた事例です（最判平成８年４月26日集民179号51頁）。

これは、警察の管理運営は都道府県の事務であり、警察法の規定により、都道府県警察の経費は、一部を国が補助するほかは、都道府県が支弁することとしていることを受け、違法な支出とされました。

もう１つは、ある村が、県（教育委員会）に対し、昆虫の森施設の用地取得費のために行った寄附が地方財政法28条の２に違反しないとされた事例です（最決平成19年５月23日判例集未登載（平成17年（行ツ）171号／平成17年（行ヒ）184号）。

これは、経費の負担区分は異なるものの、個別の法令の規定によって特に経費負担が決定されているわけではなく、実質的に見て地方財政の健全性を害するおそれがなく、違法とはいえないとされました。

この両者は、ともに、支出が地方財政法28条の２に違反するものかどうかが争点であり、非常に似たものともいえますが、結論は真逆になっています。真逆となった理由は次の２点です。

１つは、経費区分について地方財政法以外の個別法に明記されているかどうか、もう１つは、実質的に見て地方財政の健全性を害するおそれがあるかどうかです。

また、寄附が自発的かつ任意である必要があることも、やはり重要なポイントといえます。

▷▷ 負担付寄附

自治体が寄附を受ける場合、あらかじめ議会の議決を得る必要がある場合があります。一般に「負担付寄附」といわれています（自治法96条１項９号）。

負担付寄附の典型例は、「土地を寄附するので、スポーツ施設を作ってほしい。それが無理なら土地は返還せよ」のようなものであり、寄附の条件が不履行となった場合、将来的な債務や義務が付されているものです。

よく混同しがちですが、上記例でいえば、「土地を寄附するので、スポーツ施設を作ってほしい」にとどまるような、使途を指定したに過ぎない「用途指定寄附」は負担付寄附には該当しません。

第6章

トラブル・争訟への対応等

6 1 ◎…不祥事への対応

▶▶ 不祥事が発生した際の対応

残念ながら、教育行政においては様々な不祥事が発生しています。いじめへの不適切な対応から、体罰、セクハラ、個人情報の流失まで多岐にわたります。

また、いわゆる学校事故も、内容によっては不祥事に該当します。こうした不祥事が生じた際の対応では、主に次の点に留意しましょう。

①事実確認を速やかに行う

人の記憶は、思いのほか脆いものです。時間の経過につれて曖昧になるため、速やかに関係者や被害者から事実経過を聴取し、原因を確定する必要があります。

また、不祥事の関係者や被害者であることが周囲に悟られないように配慮することも求められます。特に児童生徒が関係者や被害者である場合は、授業時間中の聴取は避けることが好ましいでしょう。

さらに、事実確認のための聴取も適正な手続を経て行われなければなりません。まずは、開始する時点で「何のための聴取なのか」を明らかにして伝える必要があります。また、相手方の事情や反論を十分聴くことも欠かせません。仮に録音する場合には、録音する旨を事前に伝えることが無難といえます。

また、聴取する側の人選にも配慮すべきでしょう。教師の体罰が問題となっている場合に、その教師自身が児童生徒の聴取をしていたのでは意味がありません。そのような場合は、むしろカウンセラーや事務局職員、指導主事も交えて行ったほうが効果的です。

②再発防止策を講じる

事実確認で把握した経過や原因を踏まえ、実効性のある再発防止策を講じることが求められます。

再発防止策は、内容によっては学校などの教育機関のみでは行えないもののあるかもしれません。場合によっては、事務局が積極的に関与し、警察や病院などとも連携する必要があるでしょう。

③事故に対する救済や懲戒処分を行う

児童生徒などがケガをするなど補償が必要な場合は、後に触れる学校災害共済給付制度などを活用し、補償を行わなければなりません。また、原因が職員にあり、その内容が懲戒処分に該当する可能性がある場合は、服務を担う部署や監督者などが本人へのヒアリングを含めて事実関係を調査したうえで、懲戒処分を視野に入れて対応する必要があるでしょう。

なお、ヒアリングの内容は文書化し、本人の自署による確認を得ておくことが理想といえます。

▶▶ 調査の記録化

このような不祥事案件は、関係機関に周知するとともに、記録化し、保存しておくことが大切です。

その不祥事などに立ち会った関係者などは、当然、その内容や原因をある程度熟知しているといえ、その関係者個人としては再発させる可能性は低いといえます。

しかし、ある学校で再発防止策を講じたとしても、同じ自治体の他の学校で同じようなことが生じてしまっては、何の意味もありません。したがって、不祥事の内容や原因、その再発防止策については、教育機関全体で共有することが望ましいといえます。

また、このような記録は、再発防止や補償を行うために必要となるものですが、一方で、その被害者の利益に資する側面もあります。

125頁で触れた個人情報と関連しますが、本人は行政機関が保有する個人情報の開示や訂正を請求することができます。

よって、もし記録が一切なかったり、恣意的に作成されていたりしたら、本人としてみれば、適切な調査や情報に基づく再発防止や補償といった事後対応がなされているのだろうか、と不信感を抱きかねません。

それゆえ、不祥事に関係する記録の作成は、行政・被害者の双方にとって必要といえます。記録を作成する際は、次の点に留意しましょう。

①主語と述語を明確にする

不祥事に関係する人は意外と多いものです。そこで、「誰が何をしたのか」を正確に記録するために、主語と述語の対応関係を明確に記述することが何より重要です。述語のない主語は記録以前の問題ですし、主語のない述語は価値のない情報といえます。

②可能な限り同じ人が記録を作成する

人によって、文章には癖があります。また、どこに何を書いたのかは書いた本人が最も詳しいものです。そのため、記録を作成する人は同一人物であることが望ましいでしょう。

③客観的な事実を時系列に具体的に記録する

こうした記録には、書き手の感想・評価は原則的に不要です。書き手の主観や思惑を挟み込むようなことは厳に慎むべきでしょう。また、読み手の理解に資するよう時系列でまとめるとともに、それを読んだだけで現場がイメージできるように具体的に記録すること大切です。

④いつ誰から得た情報であるのか、明らかにする

教職員からのヒアリングで得たものなのか、児童生徒などの被害者からのヒアリングで得たものなのか、警察や医師などの関係者から得た情報なのかなど、どのような立場の人からいつ得た情報なのかを明示する必要があります。また、その情報が関係者の「曖昧な記憶」である場合は、その旨を補足的に記録しておくことも必要でしょう。

また、図面や写真など関連する参考資料の添付も有益ですが、誰が、

いつ、どこで撮影・作成したものなのかを明示することが求められます。

▶▶ 保護者への対応

もし、自分の子どもが通っている学校で、いじめに対する不適切な対応や体罰、重大な事故があったとしたら、保護者は大切な子どもを通学させて大丈夫だろうか、と不信感を抱くでしょう。

子どもの教育内容を決定する権限（教育権）は、保護者と行政との双方が保有していることからすれば（最判昭和51年5月21日刑集30巻5号615頁。旭川学テ事件）、児童生徒が安全安心に学ぶことができるよう、学校と保護者の間には一定程度の信頼関係が不可欠といえます。

したがって、不祥事が生じた場合には、保護者の不信や不安を払拭させるために、保護者宛ての通知や、保護者説明会をできる限り早く行う必要があります。保護者宛ての通知に書かれるべきことや保護者説明会で説明すべきことは、まさに先に触れた事実関係調査に基づく原因や再発防止策が核となり、保護者の理解と協力を求めるものとなります。

一方で、特に保護者説明会では、被害者のプライバシーに配慮するとともに、事実に反した説明は厳に慎むべきといえます。また、根拠もなく教職員を擁護したり、被害者のみに責任があるような発言をしたりして、被害者が孤立しないようにする必要もあるでしょう。

▶▶ メディアへの対応

どのような不祥事であればメディアに情報提供すべきかは一概に言えませんが、社会的関心を呼ぶ内容である場合は、住民の知る権利に資するというメディアの役割に照らし、情報提供を行う必要性が生じます。

逆に、メディアへの情報提供を一切行わなかったとしても、不祥事が起きたという事実が様々なルートから伝わることも想定されます。SNSの発達を考慮すればなおさらですし、事実とは異なる内容が伝播するおそれや、いわゆる「炎上」となるリスクも十分にあります。

そのような状態となれば、メディアから教育機関や教育委員会事務局へ問い合わせがあることも十分に想定されますし、場合によっては学校の校門前などで教職員や児童生徒へ直接取材することもありえます。

「児童生徒が安全安心に学ぶことができる状態」とは程遠いものといえ、このような点も含めてメディア対応の可否は検討すべきでしょう。

メディア対応では、事実関係調査に基づく原因や再発防止策が核となる点は保護者対応と同様ですが、特に留意すべき点は次のとおりです。

①提供できる情報と提供できない情報とを明確化する

個人情報の取扱いには細心の注意を払う必要があります。また数字は独り歩きする危険なものであり、確定するまでは「確認中」などとして情報提供しないこともあり得ます。

②公平に対応する

メディアは多くありますが、すべてのメディアに同じ情報を提供する必要があります。同じ質問にもかかわらず、異なる回答をしてしまっては、かえって混乱を招きます。

③担当者を一本化する

「公平な対応」にも関係しますが、対応する職員が複数では、どうしても受け答え上のニュアンスに差異が生じかねません。

④「検閲」を行わない

「どのような記事になるのか確認したい」といった、メディアに「検閲」とも捉えられかねない言動は控えるべきです。対応した職員としてはどのような記事になるのか気になるとは思いますが、自身が「公権力に携わる者」であることを自覚するとともに、報道の自由を尊重し、誤解を招く言動は控えましょう。

なお、記事として掲載された内容が事実無根であるなど、問題がある場合は、行政として抗議することも検討すべきでしょう。

6 2 ◎…学校事故と賠償責任の考え方

▶▶ 学校における事故

学校では、多くの児童生徒が様々な場面で様々な活動をしています。

学校としては、児童生徒の事故やケガなどは極力抑えたい、理想をいえばなくしたいと考えていることでしょう。

しかし、現実的には困難であり、残念ながら、様々な場面で、そして様々な原因で、事故（いわゆる学校事故）が生じています。

教職員は、児童生徒が学校事故にあわないよう、その安全に配慮する義務を負っています。これを「安全配慮義務」といいます。この安全配慮義務は抽象的・一般的な概念であり、その具体的な内容は、個々の場面によって異なりますが、大きく３つに分けることができます。

第一に、事前注意義務です。授業や課外活動、クラブ活動において、事前に児童生徒の状況や習熟度などを把握するとともに、それらの内容を説明することや、下見などによるチェックなどが挙げられます。

第二に、指導監督上の義務です。授業や課外活動、クラブ活動などに立会い、指導することなど、適切な管理監督が挙げられます。

第三に、事後措置義務です。仮に事故が生じた場合、応急措置や医療機関への受診、保護者への連絡などが挙げられます。

このような安全配慮義務は無制限に負うものではなく、あくまでも教育活動や教育活動と密接に関係のある活動について負います。

▶▶ 医療費等の給付

学校事故が起きた場合の対応としては、前項で述べたとおり、原因調査や再発防止策などが必要ですが、一方、金銭的な給付としては、「学校災害共済給付制度」が存在します。

これは、独立行政法人日本スポーツ振興センター法に基づき、同センターが運用している、国・学校の設置者（自治体）・保護者による互助制度です。

学校災害共済給付制度は、学校事故にあった児童生徒等に対する医療費の給付、障害見舞金、死亡見舞金などの給付を行います。

ただし、学校災害共済給付制度を利用できるのは、授業中や通学中など「学校の管理下」で生じた学校事故である場合のみとなります（同法施行令５条２項）。また、保険外治療など、学校災害共済給付制度では対応できない場合もあります。

▶▶ 国家賠償制度

このように、学校事故が生じた場合、その多くは、学校災害共済給付制度で対応することが通例です。一方で、事故の原因が悪質なものである場合や意図的なものである場合などは、学校災害共済給付制度以外の対応を検討する必要があります。

また、教育行政で問題となるものとしては、図書館などの社会教育施設における事故も想定されますし、事務局職員などによる事務処理上のミスなどにより、住民などに損害を与えてしまうこともありえます。

このような、行政の違法な行為により生じた損害を賠償する制度が「国家賠償制度」であり、憲法に明記されています。

■日本国憲法

第17条　何人も、公務員の不法行為により、損害を受けたときは、法律の定めるところにより、国又は公共団体に、その賠償を求めることができる。

この規定を具体化したものが、国家賠償法です。

そして、国家賠償法は、「公務員の違法行為」を定めた１条と「公の営造物の瑕疵責任」を定めた2条に、大きく類別することができます。

▶▶ 国家賠償法1条責任

国家賠償法1条は、それほど長くはない条文ですが、多くのポイントが含まれています。

■国家賠償法（※強調・注釈は著者による）

第1条　国又は公共団体の公権力の行使に当る[1]公務員が[2]、その職務を行うについて[3]、故意又は過失によつて違法に[4]他人に損害を加えたときは、国又は公共団体が、これを賠償する責に任ずる[5]。

②　（略）

第一に「公権力の行使」です。その言葉から権力的な職務を連想するかもしれませんが、実際は「私経済作用を除くすべての行政作用」とされており、その範囲は非常に広範です。公立学校における教育活動や生活指導も「公権力の行使」に含まれるというのが現在の考え方です。

第二に「公務員」です。この「公務員」の範囲も非常に広く、正規職員はいうまでもなく会計年度任用職員を含みます。また、「公権力の行使」に該当する行為を行ったのであれば民間団体の職員も対象となり、例えば、指定管理者の職員も対象となります。

第三に「職務を行う」場合です。ここでいう「職務」とは通常の職務を行っている場合は当然に該当しますが、本人が職務を行っている意図を持っていなくとも客観的にみて職務に該当する場合も含まれます。よって、例えば、本来の業務ではない担当外の業務を行っていたとしても免れません。また、職務を行わないという不作為も含まれます。

第四に「故意又は過失」「違法性」があることです。

法律や条例に違反した場合は違法行為となります。また、故意とは、意図的に行ったことをいいます。一方、過失とは、一言でいえばミスですが、正確にいえば、結果が予見され、その回避が可能であったにもかかわらず、回避するための行為を怠ったことをいいます。

実務上、「違法性」と「故意・過失」の両方を常に明確に峻別する必要があるか、という問題があります。

「違法性」と「故意・過失」の両方は必要ですが、一方ですべての違法行為が明文化されているわけではありません。

例えば、教員が物理的な有形力を用いた体罰を行ったとすると、意図的に行っていることや学校教育法に違反することは明白です。

次に、教員の不注意により児童がケガをしたとすると、少なくとも過失はありそうですが、民事責任に限定すれば、「教員は、児童にケガを負わせてはならない」などと定める法律はありません。しかし、この場合であっても、179頁で触れた安全配慮義務に違反したのであれば、不法行為責任が問われます。

このように、違法であるかどうかは、具体的に禁止行為として明記されている規定に違反した場合のみならず、公務員として一般的に求められる注意義務に違反した場合も含まれます。そして、この注意義務に違反すること自体が、実は「故意・過失」そのものともいえます。

つまり、実務上は、違法性と故意・過失は、その内容が重複することも珍しくはありません。

そして、第一から第四の要件を満たしたうえで、相手方に、因果関係のある損害が生じた場合は、その賠償責任を自治体が負うこととなります（その行為を行った職員でもなければ教育委員会でもありません）。

▶▶ 場面ごとのポイント

このように、自治体は、その職員が具体的に明記されている規定に反した場合や職務上一般的に求められる注意義務に違反した場合にその責任を問われる立場にあるといえます。

では、どのようなポイントに留意すべきかについて、学校現場における場面ごとに触れていきます。

①遠足・修学旅行

遠足や修学旅行が教育活動に該当することは間違いありません。この場合、特に求められるものは事前注意義務といえます。

つまり、遠足や修学旅行の下見を十分に行い、目的地の状況確認や、危険個所の確認を行う必要があります。また、その結果を、関係教職員に情報提供するとともに、児童生徒やその保護者に説明する必要があるでしょう。

②運動会

運動会や体育祭は、その練習も含めて、児童生徒の成長の場である重要な学校行事です。一方、その性質上ケガをしやすい行事であることはいうまでもありません。さらに年に１、２回程度しか行われず、また保護者などの関係者も多く出席することから、人の動きを含め、どのような事態が起こりうるのか、特に若い教員にとっては予測が難しい行事ともいえます。

そこで、事前計画を十分に練る、教職員の役割を明確にする、事前練習を十分に行い児童生徒への安全喚起を行うといった事前措置、競技中の監督、ケガが発生した場合の速やかな事後対応など、多くの注意義務があります。

③クラブ活動

クラブ活動は、課外活動ではありますが、特別活動の一種であり教育活動に含まれます。特に、野球やサッカー、ラグビーや体操、柔道や剣道といった運動系のクラブ活動については、性質上危険性が内在しているものともいえますが、学校事故が発生する可能性が高く、より慎重な監督が求められます。

クラブ活動における事前注意義務としては、事故が発生しないよう、部員の年齢、競技年数、技能、練習メニューを把握することが挙げられます。児童生徒それぞれにとってハードルの高すぎる練習メニューになっていないか、明らかに技能や体格に差がある者同士で対戦していないかなど、練習内容が適切なものか管理する必要があるでしょう。

また、練習に使用している器具などに破損などがないかという確認も必要です。

④休み時間

休み時間中は、教職員の監督が及びにくく、また児童生徒がふざけあうこともあるため、学校事故が起きやすい時間帯です。

休み時間自体は教育活動とはいえないかもしれませんが、授業と授業の合間のため、少なくとも教育活動と密接な関係にあり、休み時間中であっても教職員は安全配慮義務を負います。

しかし、休み時間は、児童生徒が自由に過ごすことができる一方、教職員が教室で監督することはあまりなく、職員室で次の授業の準備などを行うことが多いため、授業中など正規の教育活動の時間と同様の注意義務を求めるのは酷といえます。

よって、一般的には、何らかの事故が発生する危険性が具体的に予想できた事情がある場合に責任を負うものとされています。

⑤給食

給食時の学校事故としては、アレルギー事故が挙げられます。アナフィラキシーショックの場合は死に至ることもあるため、極めて慎重な対応が必要です。

学校は、本人や保護者からの情報提供がなければ、児童生徒がどのようなアレルギーを持っているかを知ることはできません。そのため、入学時などにアレルギーに関する情報提供を依頼するとともに、その情報と、日々の献立を学校内の関係者が漏れなく共有する必要があります。

万が一のアレルギー事故に備え、アドレナリン自己注射薬の保管場所やその実施といった事後対応についても、学校内の関係者で共有しておくことが求められます。

▶▶ 児童生徒の年齢と求められる注意義務

教職員に求められる注意義務（安全配慮義務）は常に同じものが求められるわけではありません。上記のとおり場面によっても変わりますし、一般的に、児童生徒の年齢が低いほど教職員に求められる注意義務が高くなるといえます。

小学校低学年の場合は、自身が置かれている状況を判断する能力や自制心、また、危険に対する予測力も低いでしょう。その分だけ、周囲の教職員が、その安全に配慮する必要があるといえます。

逆に、高校生であれば、成人に近く、その経験から危険に対する予測力や、ある行為に対する結果や責任についての認識も相当程度高くなっているといえます。

なお、当然ですが、教職員の果たすべき安全配慮義務がなくなるわけではありません。

▷▷ 学校事故と自然状況

学校事故は、教職員の行動や施設の瑕疵のみが原因となるわけではありません。自然状況もまた、学校事故の原因となります。

これについては部活動中に落雷により負傷した事故が事例として挙げられます（最判平成18年3月13日集民219号703頁）。

いつどこに落雷するかということを正確にピンポイントで当てることは極めて困難です。しかし、落雷事故が決して珍しいものではないこと、その被害の多くが重大なものであること、雷鳴や雷光というわかりやすい徴候があること、屋内に待避することで簡単に逃れることができることなどから、引率していた教員は落雷事故発生を予見すべきとされ、過失が認められました。

このように、自然状況が原因であることのみをもって自治体としての責任が免れるかといえば、そうではありません。猛暑といった身近なものから、大地震・津波など大規模なものまで、自然状況は多様ですが、その情報収集と、児童生徒の成長に応じた対応が求められているといえます。

▷▷ 国家賠償法2条責任

国家賠償法１条が公務員の違法な行為に対する賠償であるならば、国家賠償法２条は公の営造物、つまり公的施設の瑕疵（欠陥）を原因とする事故について、自治体が賠償する制度といえます。

■国家賠償法

第２条　道路、河川その他の公の営造物の設置又は管理に瑕疵があつたために他人に損害を生じたときは、国又は公共団体は、これを賠償する責に任ずる。

②　（略）

典型例としては、学校の階段の一部が欠損していて、児童がその部分でバランスを失って転倒し、ケガをした場合が挙げられます。

これについては151頁で触れたように、まさに教育財産の適正管理が求められているといえます。

このように、公的施設が「通常有しているべき安全性を欠いていること」が、国家賠償法２条の要件となります。その設置者や管理者の過失は求められておらず、無過失責任とされています。

無過失責任といわれると「無条件に責任が発生する」とか「結果が生じたことのみをもって責任が発生する」などと思いがちです。しかし、「通常有しているべき安全性」を有していれば、少なくも国家賠償法２条の賠償責任を負うことはないといえます。

また、国家賠償法２条は、公的施設の瑕疵に対する責任や無過失責任ではありますが、実際には管理者の管理行為の是非が問題となることもあります。先ほどの階段の一部欠損を例に挙げれば、階段の欠損の原因が第三者によるものであり、補修工事はいうまでもなく、コーンを設置するなどで注意喚起を行う時間すらなかったとすると、なかなか判断が難しくなるのではないでしょうか。

このような点を考慮すれば、公的施設の瑕疵の有無という問題に加え、その管理行為に瑕疵（過失）があったかどうかという問題をも検討する必要があることも想定され、国家賠償法１条と同じような検討が必要な場合もあるでしょう（参考として藤田・行政法総論〈下〉240頁）。

6-3 ◎…学校事故と賠償責任への対応

▶▶ 賠償責任の調査

多くの場合、国家賠償法上の賠償責任を負うかどうかについて、即座に判断することはできません。

学校事故を例に挙げれば、まずは、事務局職員などにより、現地調査、関係する教職員のヒアリング、児童生徒またはその保護者のヒアリングを行い、事実関係を調査し、確定させたうえで、どのように対応すべきなのかを判断する必要があります。

国家賠償責任は、「学校事故が生じた」という「結果」のみをもって賠償責任を負うという「結果責任」ではありません。また、何があったのかという事実がわからなければ対応できないため、このような調査は不可欠といえます。

事実関係の調査とは、実際に起こったことや実際の状態をありのままに調査することをいいます。具体的には、いつ、誰が、どこで、誰に対し、何を行い（あるいは行わず）、どうなったか、などとなります。「どこで」については、それがいつ設置され、設置されたときはどのような状態（素材）であって、その後どのように管理され、事故時点ではどのような状態（素材）で、どうなったか、も挙げられます。

このような事実関係は時系列で整理すると、調査には直接関与しなかった者でも理解しやすくなります。

前項で述べたとおり、国家賠償法上の要件は多くあり、実際の調査方法も様々ですが、「本来行うべきこと」と「実際に行ったこと（行わなかったこと）」の差を意識して調査する方法が、シンプルな方法の一例として挙げられます。

例えば、校庭に置いてあったサッカーゴールに児童がぶら下がったところ、サッカーゴールが倒れ、児童がケガをした事例を挙げると、次のようなものが想定されます。

図表24　過失調査表の例１

本来行うべきこと	実際に行ったこと （行わなかったこと）
サッカーゴールの四隅を杭などで固定する必要がある。 仮に杭などで固定していない状態であったのであれば、ぶらさがらないよう注意喚起すべきである。	サッカーゴールの四隅を杭などで固定していなかった。 杭などで固定していない状態であったが、ぶらさがらないよう注意喚起した事実はない。

また、図書館で書棚の上方にあった書籍を取ろうとした利用者に、職員が脚立を貸したところ、使用時に脚立の脚の部分が開いたため、利用者が転倒しケガをした場合では、次のようなものが想定されます。

図表25　過失調査表の例２

本来行うべきこと	実際に行ったこと （行わなかったこと）
脚立を渡すに際して、その脚部分の止め金を掛けて渡すか、その脚部分の止め金が掛かっていないことを一言知らせて注意を促す必要がある。	脚立を渡すに際して、その脚部分の止め金を掛けずに渡した。また、その脚部分の止め金が掛かっていないことを知っていたにもかかわらず、相手方に知らせて注意喚起を行わなかった。

双方とも、事実関係の調査で埋めるべきものが図表24・25の右欄となります。そして、左欄は「本来の状態」であり、いわば、その状況において求められる「安全配慮義務」を具体化したものです。事実関係の調査にあたっては、過去の事例や判例・裁判例、一般的な取扱いの調査などにより、安全配慮義務の具体的な内容をある程度整理しておくこと

が理想といえます。

そして、「本来行うべきこと」と「実際に行ったこと」とに差があるのであれば、注意義務違反が成立する要素となります。

以上は、主に現地調査や教職員などの学校関係者のヒアリングを想定していますが、それのみでは公平な判断を行うことはできないこともあります。

したがって、事実関係に齟齬があるかどうかを確認することや、過失相殺、つまり被害者側にも落ち度があるのかどうかを判断する必要性からも、被害者である児童生徒やその保護者から話を聞くことも、場合によっては必要です。

このような調査を経て、最終的に「賠償すべきかどうか」という「評価」を行います。

▶▶ 結論と加害者・被害者への説明

調査を経て結論が出たら、当事者への説明を行います。

学校事故の場合における当事者としては、校長などが挙げられます。特に「賠償責任あり」との結論に至った場合は、違法行為により賠償する責任を負ったという結論だけでなく、再発防止の観点から、何が問題であり、どうすべきであったのかを具体的に説明する必要があるでしょう。そしてそれは、先に触れた「本来行うべきこと」にほかなりません。

また、学校事故の場合におけるもう一方の当事者としては、児童生徒や保護者が挙げられます。この場合は、どこで、いつ説明するのかについて、保護者の要望を聞いたうえで決定するのが望ましく、併せて誰が出席するのかも決める必要があるでしょう。

「賠償責任あり」との結論に至った場合は、謝罪と、原因や今後の対応、特に賠償の内容や方針について具体的に説明します。ときには、こちらの説明に納得してもらえないことも想定されます。37頁で触れたように「どこまで対応できるのか」という限度をあらかじめ決定したうえで説明に臨むとともに、状況によっては一度持ち帰って検討することも必要です。

なお、示談により賠償金を支払う場合は、議会の議決が必要となります。金額や内容によっては自治法180条1項に基づく専決処分として扱うことも多いと思われますが、それでも議会への報告を含めて、何らかの議会対応が求められることを調査段階から念頭に置いておく必要があるといえます。

仮に「賠償責任なし」との結論に至った場合は、懇切丁寧に説明し、理解を求めるほかありません。理解が得られない場合や、行政としての責任は認めたものの示談に至らなかった場合は、訴訟や調停を視野に入れる必要があります。

▶▶ 賠償するタイミング

学校事故について賠償責任がある場合、いつ賠償を行うべきでしょうか。

一般的に、賠償は、その事故による負傷の医療上の治療が完了した段階で行われます。金銭的な賠償は、それまでに要した治療費や移送費、慰謝料などとなります。

一方、児童生徒のケガなどの場合は、学校事故が発生してから治療が完了するまでにかなりの期間を要することも珍しくありません。

小学生が歯を損傷した事例を挙げれば、小学生の段階では顎などの骨格がまた未発達な状態であり、今後成長することが見込まれますが、成長後どのようになるのかを完全に予想することは困難でしょう。

つまり、ケガをした段階では、負傷した歯は完治するのか、抜歯するのか、抜歯するとしてどう補綴するのかといった、治療方針を確立できず、治療が完了するまでに10年程度要することもあります。

このように、学校事故の発生から賠償までは、かなりの期間を要する場合もあるため、学校事故を風化させないように被害者側へのフォローを継続させる必要があります。

また、人事異動のたびに担当者が変わり、引継ぎが上手くいかないといった事態を避けるとともに、賠償に必要な書類などの管理も適切に行う必要があるでしょう。

なお、多くの自治体では「学校事故賠償保険」などの保険契約をしていることでしょう。事故後から賠償に至るまで、契約している保険でどこまでカバーできるのか、確認しておく必要があります。

▶▶ 忘れがちな国家賠償法3条

国家賠償法１条や２条は「有名な規定」といえますが、３条はあまり知られていないのではないでしょうか。実は教育委員会事務局職員にとっては、国家賠償法３条は重要な規定であり、キーワードは「県費負担教職員」「地方財政法」です。

市立学校に勤務する教職員（県費負担教職員）が生徒に体罰を行った場合は、賠償責任は免れないでしょう。ではこの場合、賠償を行うべきは、その教職員を監督する市でしょうか、あるいは、その教職員の任命権者として給与を負担している県でしょうか。

実は、被害者の立場からすれば、市と県との双方に請求することが可能です。その理由は、国家賠償法３条１項において、監督する者（上記事例では市）と給与を負担する者（上記事例では県）が異なる場合は、双方が責任を負うとされているためです。

■国家賠償法

第３条　前２条の規定によつて国又は公共団体が損害を賠償する責に任ずる場合において、公務員の選任若しくは監督又は公の営造物の設置若しくは管理に当る者と公務員の俸給、給与その他の費用又は公の営造物の設置若しくは管理の費用を負担する者とが異なるときは、費用を負担する者もまた、その損害を賠償する責に任ずる。

②　前項の場合において、損害を賠償した者は、内部関係でその損害を賠償する責任ある者に対して求償権を有する。

では責任は双方が負いうるとして、支払うべき賠償金の分担は双方で折半するかといえば、そうではありません。国家賠償法３条２項において内部関係における求償が明記されており、結論からいえば、県は市に対し、賠償した全額を求償することが可能です（最判平成21年10月23日民集63巻8号1849頁）。

全額求償とは、市にとってあまりにも酷なように思いますが、その理由が地方財政法であり、171頁で触れた経費負担の区分がポイントです。市立学校の経費は、原則的に、学校を設置する市が負担する必要があり、このような賠償金も例外ではないからです。

▶▶ 事故と個人責任

以上のように、職員が職務上違法行為を行い、相手方に損害を与えたとしても、賠償すべきは自治体であり、その職員個人ではありません。一方で、職員個人としての責任を負うことも想定されます。

第一に、故意又は重過失の場合です。

国家賠償法１条２項は「公務員に故意又は重大な過失があつたときは、国又は公共団体は、その公務員に対して求償権を有する」と規定しています。つまり、原因となった行為が意図的に行われた場合や、甚だしい不注意によるものであった場合は、被害者に賠償を行った自治体から、その職員個人に対して求償することが認められています。この場合、職員はポケットマネーで支払う必要があります。

第二に、刑事責任です。

国家賠償法上の賠償はあくまでも民事上の責任であり、刑事上の責任とは別のものです。仮に自治体が被害者に対して賠償を行ったとしても、それをもって刑事上の責任が完全になくなるわけではありません。内容によっては被害者からの告訴等が必要なものもありますが、いずれにせよ、刑事事件となると、特段の支援制度がない限り、その後の対応は職員自らが行う必要があります。

第三に、懲戒処分です。

任命権者の懲戒処分は民事上の賠償責任とは無関係です。また、刑事責任を免れたことのみをもって懲戒処分がなされないとはいえません。原因となった行為の様態によっては、信用失墜行為などにより懲戒処分の対象となることも想定されます。

6 4 ◎…苦情・クレームへの対応

▶▶ 未然予防の重要性

「近くの学校で運動会が行われているが、うるさすぎる。教育委員会は何をやっているんだ！」

このような教育活動に関する苦情は珍しくありません。教育行政のみならず、行政にとって苦情に対応することは避けられないといえ、場合によっては長時間対応せざるを得ないこともあります。

このような場合は、①話を聴くこと、②事実関係の調査、③方針の決定、④回答、という流れで対応するのが一般的です。

しかし、その前に、事前説明を忘れてはいけません。特に上記した運動会など既に決定されているイベントであって、周辺住民に影響を及ぼし得るものについては、あらかじめそのイベントの教育的意義や時間などについて説明し、理解を求めることも必要でしょう。

▶▶ 話を聞きながら事実確認

まずは相手の話をよく聞きましょう。その一方で、苦情や要望の内容、被害状況、いつ、どこで、どのように起きたものなのかを記録していきます。このときのポイントは、相手方の話を遮って反論しないことです。多くの場合、相手方は感情的になっているでしょう。それにもかかわらず、相手方が言いたいことを遮って反論すると、逆効果となりえます。

感情的になっていたとしても、いつかは一呼吸つくタイミングがあります。長時間にわたって感情的に話し続けられる人はなかなかいません。

そして、一呼吸ついたタイミングで、相手方の主張の確認を行いましょう。これには２つの効果があります。

１つは、正に相手方の主張の確認です。「相手方が感情的になっているかどうか」と「その主張が妥当であるかどうか」とは、全く別の問題ですので、明確に峻別して対応する必要があります。感情的であるから間違っているとか、冷静であるから正しい、ということはありません。まずは、客観的な立場で相手方の主張を整理する必要があります。

もう１つは、相手方の意見をしっかりと聞いている、あるいは共感している姿勢を示すことで冷静になってもらうことです。

▶▶ 説明と今後の対応

このようなやりとりで相手方の主張が整理されたとして、即座に回答できる場合は、その場で回答することもありえますが、相手方の主張が正しいのかどうかを確認しなければ回答できないことも多いでしょう。

そこで、事実確認をしたい旨を告げ、その場をいったん終わらせましょう。相手方が何度も食い下がるような場合でも、事実確認ができないままでは何も回答できないため、その旨を説明するほかありません。

その後は、相手方の主張内容に即して事実関係を確認します。この段階では、どちらの立場にも与しない、中立な立場で確認作業を行う必要があります。

そして確認の結果、行政側に問題があるのであれば、175頁で触れたように再発防止策や補償を検討し、回答します。

逆に、行政側に問題がないのであれば、その旨とその理由を明確に説明しましょう。

▶▶ 悪質クレームへの対応

とはいえ、そのような説明ですんなり納得してもらえることは、あまり多くはないでしょう。このように、行政側の対応には何ら問題ないにもかかわらず、自らの言い分を押し通そうとするクレームについて、「絶対にやってはいけないこと」は次のとおりです。

第一に特別扱いはしないことです。行政である以上、公平であるべきであって、相手方の姿勢に応じて特別扱いをすることは慎まなければなりません。

第二に金銭の支払いはしないことです。

各学校には様々な金銭があり、中には何らかのイベントのために受け取った寄附金の残額などがあるかもしれません。このような金銭から、あるいは、管理職のポケットマネーで、いわば示談金のようなものとして支払うことが想定されます。しかし、金銭の支払いは自治体としての責任を認めることと同義です。

また、公金からの支出であっても、根拠のない支出や適正な手続を欠く支出は違法な支出となるおそれもあります。

第三に無理をしないことです。これは自分たちだけで対応することにこだわらないことを意味します。教育機関で手に負えなければ事務局に委ねたり、相手方が暴力的行為に及ぶ可能性があるのであれば警察に相談したりするなどにより、組織的に対応する必要があるでしょう。

さて、このような毅然な対応をしていると、場合によっては「訴えてやる」と言われるかもしれません。

しかし、訴訟手続は紛争解決の最終手段ですから、「訴えてやる」との発言は「当事者の話し合いによる解決を終わらせる合図」として受け止め、「非常に残念です」などとして締めくくることも可能といえます。

訴訟は確かに煩雑ですし、時間もかかります。しかし、それは相手方も同様です。「訴訟が怖い」という理由のみで相手方の要求に応じることは、あってはならないといえるでしょう。

6 5 ◎…児童虐待への対応

▶▶ 学校と児童虐待

児童虐待（身体的虐待・性的虐待・心理的虐待・ネグレクト）に対応する部署として、真っ先に思い浮かべるのは児童相談所でしょう。確かにそのとおりですが、学校もまた児童虐待に対応すべき機関といえます。

学校生活には、児童虐待を発見し得る機会が多々あります。例えば、健康診断中、給食時間中、体育の時間中などが挙げられます。また、児童生徒にとっては、担任教諭は保護者以外に相談することができる身近な存在であり、児童生徒本人から相談されることもあるでしょう。また、不登校も虐待の兆候である場合もあります。

このように、教職員は、児童虐待を発見しやすい立場にあるといえ、このことは法律にも明記されています。

■児童虐待の防止等に関する法律

（児童虐待の早期発見等）

第５条　学校（中略）及び学校の教職員（中略）は、児童虐待を発見しやすい立場にあることを自覚し、児童虐待の早期発見に努めなければならない。

２～５　（略）

児童虐待への対応は、未然防止、早期発見、早期対応、必要な支援がとにかく重要です。その意味において、児童虐待問題における学校の役割は大きく、事務局職員にとっても無視できない問題といえます。

▶▶ 学校の役割

上記から明らかなように、児童虐待を防ぐために学校に求められる役割は、とにもかくにも、児童虐待の可能な限り早い発見です。

発見の端緒としては、不自然な外傷、爪や歯の状況、身長や体重の状況、服装の状態、家に帰りたがらない様子が多い、給食を異常に食べるといった学校生活における状況の有無などが挙げられます。

また、家庭訪問や水泳の時間、夏休みへの抵抗など、各行事などもまた発見の端緒の場面となりえます。

このように様々な状況を見逃さず、児童虐待の端緒をつかむ必要があります。

▶▶ 児童相談所への通告

学校が児童虐待を発見した場合は、児童相談所などに通告する必要があります。しかし、そのような通告をした場合は、その保護者との間に軋轢が生じることは避けられないでしょう。仮に虐待している事実がなかった場合は名誉棄損などで訴えられる可能性もあります。

そのため、学校や教職員には、児童虐待であることが確実ではない限り通告しないとか、見て見ぬふりをするといった、萎縮効果が生じることも想定されます。

■児童虐待の防止等に関する法律

（児童虐待に係る通告）

第６条　児童虐待を受けたと思われる児童を発見した者は、速やかに、これを市町村、都道府県の設置する福祉事務所若しくは児童相談所又は児童委員を介して市町村、都道府県の設置する福祉事務所若しくは児童相談所に通告しなければならない。

２・３　（略）

しかし、児童虐待防止法６条では「児童虐待を受けたと思われる」と規定されているとおり、虐待の事実が必ずしも確実でなくても、一般の人の目から見れば主観的に児童虐待があったと思うであろうという場合であれば、通告する必要があります。そして、この通告については、上記規定の趣旨に沿うものであれば、それが結果として誤りであったとしても、そのことによって刑事上、民事上の責任を問われることは基本的には想定されません（平成16年８月13日付け厚生労働省通知「『児童虐待の防止等に関する法律の一部を改正する法律』の施行について」)。

よって、児童虐待であることが確実とはいえないまでも、一般人として児童虐待であると判断できる場合は、仮に、結果的に間違った判断であったとしても、それがよほど杜撰なものでない限り、法的に責任を問われることはありません。

したがって、杜撰と評価されないよう、通告にあたっては、校長や教頭、養護教諭など、複数の関係職員により判断されることが必要といえます。

▶▶ ヨコの連携

学校における児童虐待の早期発見は、決して容易ではありません。仮に発見し、通告したとしても、通告後に保護者から反発がある可能性が高く、教職員それぞれに任せておくことはかなりの負担となります。

そのため、校内でのチーム体制の構築や、事務局職員（後に触れる学校弁護士も含みます)、児童相談所、福祉事務所、医療機関、警察などと連携して対応することが何より求められる分野といえます。

しかし、現場レベルで連携していても上手くいかないこともあるでしょう。このような教育と福祉の連携のきっかけとなりうるのが、58頁で触れた総合教育会議といえます。

なお、児童虐待の疑いのある児童が他校（他の自治体の学校を含みます）へ転校した場合、その情報を引き継ぐことは必須です。

6 ◎…教育行政と著作権

▶▶ 著作権、著作物、著作者

著作権は小説や写真、動画などの作品を保護する権利であり、著作権で保護される作品を著作物、その作成者を著作者といいます。

著作物の範囲はとても広く、論文や歌詞、映画、ゲーム、プログラムなどが挙げられます。

著作権制度の趣旨を端的にいえば、著作者の利益を保護することです。よって、著作物を無断で使用することはできず、著作物を使用する場合は、著作者の許諾が必要となり、一般的にはその対価を支払う必要があります。

一方、特定の場合には、著作者の許諾を得ることなく著作物を利用できます。そして、それは教育行政の多くの場面で日常的に行われているものが挙げられます。つまり、教育行政においては著作権制度を理解し、うまく付き合っていくことが求められます。

▶▶ 図書館と著作権

図書館には多数の書籍が保管されていますが、例えば国立国会図書館では、書籍の一部のコピー（複製）が可能です。このコピーが典型例ですが、著作者に無断で著作物の複製を行うことは原則として認められませんが、一定の要件を満たす図書館であれば、営利目的でない限りで、著作者の許諾を得ることなく、複製を行うことができます（著作権法31条1項）。

なお、著作者の許諾を得ることなく複製することが可能な図書館としては、公の施設としての図書館や大学の図書館も含まれますが、小中学校や高等学校に附属する図書室では、視覚障害者などへの必要な複製を除き、認められていないため、要注意です。

▶▶ 学校教育と著作権

教育現場には思いのほか著作権問題が多く横たわっているといえます。

例えば運動会のBGMとして音楽が流れることがありますが、その際に著作者の許諾を得る必要はないのでしょうか。このような場合は、営利性がなく、聴く者から料金を受けず、演奏者に報酬を支払わないため、許諾は不要となります（著作権法38条１項）。

次に、授業において教科書とは別の資料（著作物）を担任教諭が複製し、授業の補足用のプリントとして児童生徒に配布したりすることがあります。このような場合も、学校教育や授業に必要と認められる限度であれば、著作者の許諾なくして可能とされています（著作権法35条１項・36条１項）。このとおり、著作物のうち、学校教育や授業に関係ある部分のみの複製であれば可能ですが、著作物のすべてを複製して配布するのは、必要な限度を超えていると評価される可能性が高いでしょう。

これらとは逆となるのが、漢字ドリルや計算ドリルなどです。これらは、もともと授業用に作成されているものですから、その複製にあたっては著作者の許諾が必須となります。

なお、「担任教諭が」と書きましたが、著作権法35条では、複製が認められている主体としては「教育を担任する者」「授業を受ける者」と規定し、限定的なものとなっています。

よって、例えば教育委員会が自らの判断で著作物を複製して自治体内の全学校に配布するには、著作者の許諾が必要となります。

このように教育機関と著作権との関係において最も重要な規定は著作権法35条といえますが、同条を活用するには次のポイントをすべて満たす必要があります。

①その著作物が公表されたものであるか
②「複製」「公衆送信」「受信装置を用いた公の伝達」に該当するか
③②の行為を行う者は「教育を担任する者」「授業を受ける者」か
④授業の過程における利用に供することを目的とするものか
⑤授業に必要と認められる限度であるか
⑥著作者の利益を不当に害するものに該当しないか

▶▶ 学校教育のデジタル化と著作権

近年、オンライン授業など様々な授業の形態が検討されています。このような検討においては、著作権との関係も整理しておく必要があります。

一般的に、個人が作成した動画を動画サイトにアップロードし、その動画の中に著作物が含まれる場合は、著作権法に定める「公衆送信」に該当し、そのような行為を行う場合は、著作者の許諾が必要となります。

オンライン授業は、リアルタイムで行われるものと、授業を受ける者が必要な時に受けられるオンデマンドのものがありますが、いずれも「公衆送信」に該当します。一方で、オンライン授業で著作物を取扱う場合であっても、基本的には対面式の授業と同様であり、上記ポイントをすべて満たせば、著作者の許諾なくして可能とされています（著作権法35条1項）。

ただし、これら特例は、あくまでも「授業に必要と認められる限度」で認められているものです。よって、児童生徒以外の者が閲覧できないような制限が設けられる必要があります。

また、オンライン授業において著作物を用いる場合は、上記のとおり著作者の許諾自体は不要ですが、遠隔合同授業である場合を除き、学校の設置者が一定額の補償金を支払う必要があります（授業目的公衆送信補償金制度）。

なお、「教育を担当する者」「授業を受ける者」には該当しない教育委員会が著作物を用いて授業用動画を自主的に作成する場合は、著作者の許諾が必要であることも同様です。

繰り返しになりますが、原則は著作物を無断で使用することはできず、著作者の許諾が必要となり、一般的にはその対価を支払う必要があります。

一方、教育現場では著作者の許諾なく著作物を利用する場面が確かに多いといえますが、それはあくまでも特例的な扱いであることに留意しましょう。

著作物を教育に活用する場合は、この原則と特例の理解が不可欠であり、授業を受けている児童生徒が、著作物を「いつでも無条件に利用できる」などと勘違いしないように工夫することが求められます。

▶▶ 一般的な行政事務と著作権

著作権は、一般的な行政事務にも影響します。

業務において、自治法などの法令の解釈資料として、各法令の逐条解説本などをコピーして上司などに渡したことはないでしょうか。また、訴訟における証拠として著作物をコピーして提出したことはありませんか。

これらについては、行政目的のために内部資料として必要と認められる場合や裁判手続のために必要な場合に、必要な範囲で複製することが認められています（著作権法42条）。

さらに、著作物が行政目的の内部資料として複製可能ということからすれば、公文書として保管されている文書に著作物が含まれていることも当然想定されます。となると、公文書開示請求がなされたときに複製したものを提供できるのか、という問題があります。この問題は、例えば、企業からの許可申請書の資料として市販されている地図などの著作物が含まれている場合も該当するでしょう。

このような場合は、やはり、開示するために必要と認められる限度で、著作物を利用することができます（著作権法42条の２）。

著作権制度を理解し、うまく付き合っていく必要があるのは、教育行政のみならず、行政全般にも該当するといえるでしょう。

6-7 ◎…行政不服審査制度

▶▶ 行政不服審査制度の概要

「法治行政」の原則（34頁参照）からすれば、行政の行為、特に行政処分は適法に行われてしかるべきです。しかし、その相手方からすれば、そのような処分が「違法である」とか「公益性に反する」といった不服を感じることも想定されます。

こうした場合のための簡易迅速な救済手続が、行政不服審査制度です。行政処分に対する不服が申し立てられた場合は、審理等を経て、最終的には裁決などを行うことになります。

不服申立ての対象となるのは、「行政処分」と、相当の期間内に行政処分を行わない「不作為」の２点です。一方で、①議決に基づく行為など慎重な手続を経て行われたもの、②処分の性質上行政不服審査にはなじまないものなど、不服申立ての対象とはならないものも多くあります（行服法７条）。

教育行政と関係するものとしては、137頁と同様に、学校における教育目的を主眼とした処分（例えば出席停止命令）については、不服申立ての対象外とされています（宇賀・逐条行服法49頁）。

このような不服申立ては、①審査請求、②再調査の請求、③再審査請求の３つが存在しますが、最も重要なものは審査請求です。

審査請求とは、行政処分を行った（あるいは行うべき）処分庁の上級庁に対し、不服を申し立てるものです。上級庁とは、行政処分を行った処分庁に対し、行政組織法上の「指揮監督権」を有する者をいいます。なお、処分庁に上級庁がない場合は、処分庁自身に対して不服を申し立てます。

こう書くと、つい「市長の上級庁は県知事や大臣」「教育委員会の上級庁は市長」と思うかもしれませんが、「市と県と国」は対等関係であり、「市長と教育委員会」には指揮監督関係はありません。よって、特別な規定がない限りは、県知事や大臣が市長の上級庁となることや、市長が教育委員会の上級庁となることはありません。

自治体の実務上、上級庁が存在せず、その行政処分を行った処分庁自らが審査請求を処理することも少なくありません。審査請求は、その処分を行った張本人に対し、処分の見直しを求めるものともいえます。

なお、個別の法律や条例に特別の定めがある場合には、その法律や条例に規定されている行政庁に審査請求を行うこととなります。例えば、市長や福祉事務所長が行った生活保護法に基づく保護の決定や停止処分についての審査請求は、同法の規定により、知事に対して行うことになります。

このように、誰に対し審査請求を行うべきかは一般的にはなかなか判断できません。135頁で触れた教示制度は、その便宜を図るための情報提供といえます。

▶▶ 教育委員会と教育長の関係

教育委員会と教育長の関係は62頁で触れましたが、教育委員会が教育長を指揮監督するとした一般的な規定はありません。

また、一般的に、法令において指揮監督権が明記されておらず、行政組織法上、上下関係（監督関係）にない両者について、法令に基づき事務の委任としたとしても、それにより上下関係（監督関係）が新たに発生するものではありません（塩野・行政法Ⅲ 43頁）。

よって、本来的には教育委員会の権限であるものを教育長に委任したからといって、教育委員会が教育長の上級庁になることはありません。これは、行政不服審査制度を運用するにあたって非常に重要なポイントといえます。

つまり、行政処分を行う権限につき、本来は教育委員会が有していたとしても、それを教育長に委任した場合は、両者はもともと上下関係にはないため、審査請求は、教育長に対して行うこととなります。

このことは文部科学省の事務連絡（平成30年3月28日付け「教育委員会から教育長に委任された事務に関する処分に係る不服申立ての審査庁について」）でも明確にされています。

▶▶ 審査請求の進行手続

審査請求の実務は、首長部局と教育委員会事務局とでは、その事務処理において差異があります。さらに、教育委員会から教育長へ権限の委任がなされているかどうかでも異なります。これは、本来的には教育委員会の権限であるものを教育長に委任することが多い、教育委員会特有の問題ともいえます。

審査請求がなされた行政処分を行った処分庁ごとに求められる、審査請求を処理する手続の概要は次のとおりです。

図表26　処分庁ごとの手続一覧

	首長	教育委員会	教育長
①審査請求の確認	○	○	○
②審理員の指名	○に近い△	×	○に近い△
③審理手続	○	○	○
④口頭意見陳述	△	△	△
⑤審理員意見書	○に近い△	×	○に近い△
⑥第三者機関への諮問	○に近い△	×に近い△	×に近い△
⑦裁決	○	○	○

○：必要　△：場合によっては必要　×：不要

①審査請求の確認

審査請求を処理する機関を「審査庁」といいます。先に触れたように行政処分を行った処分庁自らが審査請求を処理する場合は、処分庁と審査庁とが同じになります。

なお、教育委員会が行った行政処分の審査庁は教育委員会であることが通例ですが、教育委員会自体が実務的な処理を行うことは想定されず、実際の審査庁事務は事務局職員が行います。教育長が審査庁である場合も同様でしょう。

審査請求は、口頭又は文書で行われますが、文書（審査請求書）で行われるのが通例です。処分に係る審査請求書には次の事項が記載されている必要があります（行服法19条２項）。

①審査請求人の氏名・名称や住所・居所
②審査請求に係る処分の内容
③審査請求に係る処分があったことを知った年月日
④審査請求の趣旨・理由
⑤処分庁の教示の有無・その内容
⑥審査請求の年月日

一方、不作為に係る審査請求書には、上記①と⑥に加え、不作為に係る処分についての申請の内容と年月日の記載も必要です（行服法19条３項）。

なお、いずれも審査請求人の押印は必須ではありません。

審査庁は、審査請求書が提出された場合は、まずは上記必要事項が漏れなく記載されているか確認する必要があります。仮に不足がある場合、審査庁は相当の期間を定めて補正を行うよう命令する「義務」を負います（行服法23条）。そして、審査請求人がその補正命令に応じない場合は、審査請求を却下することができます（行服法24条１項）。逆に、補正が可能であるのに補正を求めることなく却下すれば、それは違法な行為となるので、要注意です。

一方、審査請求書の記載事項は一応書かれているものの、その内容からして明らかに審査請求が不適法であって、補正することが不可能である場合も、審理手続を経ずに却下することができます（行服法24条２項）。例えば、審査請求期間が経過していることなどが挙げられます。

この行服法24条２項の却下には、不適法であり補正できないことが明らかであることが必要です。例えば「行政処分に該当するかどうか」が争点である場合は、213頁で触れるとおり、非常に難しい問題ですから、少なくとも、不適法であることが「明らか」とまではいえないことも多く、このような場合は審理手続に移ることとなります（宇賀・逐条行服法121頁）。

なお、裁決を行う権限を有する行政庁は、不服申立てを行おうとする者に情報提供する努力義務が課せられています（行服法84条）。

②審理員の指名

審査請求書の確認が終わった後は、審理員の指名となります。

審理員とは、審理手続を実際に行う職員であり、審査庁に属する職員から審査庁が指名します。すべての職員が指名対象ではなく、争点となっている処分に関与していない者や利害関係を有しない者であることが必要です。よって、その処分の決裁に関わった職員や、決裁には関与していないものの相談などにより実質的に意思決定に関わった職員を審理員に指名することはできません。

この審理員は、旧行政不服審査法における救済手続について公正中立性に対する配慮が欠けていたことを踏まえ、平成28年度から導入された制度です。

審理員については、その候補者の名簿を作成する努力義務が課せられているとともに、作成した場合は公にする必要があります（行服法17条）。よって、人事異動の際にはその名簿の見直しが必要でしょう。

一方、事案によっては、審理員を指名しない場合もあります（行服法9条1項各号）。1つは、先に触れた、審査請求の内容が不適法であり補正できないことが明らかである場合です。2つは、各自治体の条例により特別な規定がある場合です。3つは、自治体の行政委員会・行政委員が審査庁である場合です。

教育委員会は行政委員会ですから、教育委員会が審査庁である場合は審理員を指名する必要はありません。このように行政委員会等が審査庁となる場合に審理員が不要となる理由は、行政委員会等は優れた識見を有する委員で構成された機関であり、公正かつ慎重な審理がなされることを想定しているためです。

一方、教育委員会から委任を受け、教育長が行った行政処分である場合は、先に触れたとおり、教育長自身が審査庁となります。よって審理員を指名する必要があります。

③審理手続

審理員（審理員を指名しない場合は審査庁）は、行政不服審査制度が簡易迅速な救済制度であることを考慮し、審理手続を計画的に進行しなければなりません。

そして、審査請求書には既に「審査請求の趣旨・理由」などが記載されているので、それに対する「弁明書」の提出を処分庁に求める必要があります。そして、その弁明書が提出された場合は、それに対する反論書を審査請求人に求めることが必要です。

このように審理員等を中心（ハブ）として、審査請求人と処分庁とが書面で主張を行います。一般的な民事裁判であれば対面式、口頭で行うのが通例ですが、審査請求は原則的に書面で審理手続が行われます。

また、一般的な民事裁判では、必要な事実や証拠の収集・提出は当事者の責任で行うとする「弁論主義」となっています。一方、審査請求は、審理員等が職権で事実の収集を行ったり、証拠書類の提出を求めたりすることができる「職権探知主義」となっていることもポイントです。審査請求では当事者ともに代理人弁護士を選任しないこともあり、主張や争点が不明確になりがちです。そのような場合は、審理員等は、当事者の主張や争点を明確にするための質問（行服法36条）などを職権で行い、争点の明確化などを図る必要があります。

④口頭意見陳述

審査請求は書面審理が原則ですが、例外として設けられているのが口頭意見陳述です（行服法31条）。口頭意見陳述は、審査請求人等に口頭で意見を述べる機会を与えることにより、権利救済が十分に行われるための手続であるため、常に行うものではなく、あくまでも審査請求人等の申立てがあった場合のみ行います。

⑤審理員意見書

これら審理手続を経て審理を終えたと認める場合は、審理員は審理手続を終結させ、審理員意見書の作成に着手します（行服法42条）。審理員意見書とは、裁決の原案となるものです。そして作成後に審査庁に送付する必要があります。

なお、審理員を指名しない場合は、審理員意見書の作成は不要です。

⑥第三者機関への諮問

審理員意見書を受け取った審査庁は、条例で設置する附属機関である第三者機関（行政不服審査会）に諮問します（行服法43条）。

一方、教育委員会や教育長が審査庁である場合は、行服法上では諮問する必要はありません。

しかし、情報公開に関するものなど個別条例の規定によっては、教育委員会や教育長が審査庁である場合であっても、第三者機関への諮問が必要である場合もあるため、要注意です。

⑦裁決

個別条例において特別な規定がない限り、教育委員会が審査庁である場合は審理を終結させたのちに、教育長が審査庁である場合は審理員意見書が提出されたのちに、審査庁が裁決を行うことになります。

裁決とは、一般的な裁判における判決に相当するものといえ、審査請求に対する判断を行う行政処分です。

この裁決は、大きく３つの種類があります。

１つ目の「認容」は、審査請求人の請求を認めるものです。

行政処分が争点となっている場合は、その全部又は一部を取り消すほか、変更することもできます。一方、不作為が争点となっている場合は、審査庁が上級庁である場合は処分を行う命令を、審査庁が処分庁である場合は必要な処分を行う必要があります。

２つ目の「棄却」は、審査請求人の請求に理由がなく、審査請求に係る行政処分（ないし不作為）が妥当である場合に行うものです。

３つ目の「却下」は、審査請求が不適法である場合に行うものです。

不適法とは、審査請求を行うことができる条件すら満たさない場合をいい、行政処分には該当しない場合や訴えの利益がない場合が典型例です。

却下は、先に触れたように不適法であり補正できないことが明らかである場合も行いますが、それ以外に「審理前は不適法であることが明らかとまではいえなかったが、審理してみたらやはり不適法だった」場合も、やはり却下となります。

このように裁決といっても様々なケースが想定されます。また、一般的に、裁決は裁断行為であって不可変更力を生じる行為とされています（藤田・行政法総論〈上〉244頁）。「不可変更力」とは、一度裁決を行った後は、たとえその処分を行った審査庁自身であっても、もはや取り消すことはできない効果をいいます。よって、裁決を行う場合は、慎重な検討を何度も重ねる必要があるでしょう。

裁決に記載すべき事項などは行服法50条に明記されていますので、漏れなく記載・添付する必要があります。

なお、審理員意見書や第三者機関の答申には法的拘束力はなく、最終的な判断（決定）はあくまでも裁決となります。よって、②で触れた審理員の資格要件に照らせば、争点となっている処分に関与した職員は、裁決の決定に関与すべきではないとされています（宇賀『逐条行服法』209頁）。

教育委員会事務局は首長部局に比べ組織的な規模が小さいことが通例であるため、処分に関与した職員と裁決に関与する職員の関係に留意した組織体制の構築（首長部局への委任を含みます）が検討されるべきといえます。

▶▶ 審査庁などの特例

このように教育委員会・教育長が行った行政処分に係る審査請求は、教育委員会・教育長が審査庁となることが通例です。しかし、自治法にはこの特例がいくつか定められています。

具体的には、給与給付（206条）、分担金等の徴収処分（229条）、督促・

滞納処分（231条の３）、行政財産の使用権（238条の７）、公の施設の利用権（244条の４）については、その処分がたとえ教育委員会や教育長が行ったものであったとしても、審査庁は首長となります。

そして、これらに該当する場合の教示については、審査請求先を首長にする必要があり、教育委員会・教育長が行う処分であるからといって、それらが審査庁であると機械的に教示していては、誤りとなってしまいます。

なお、これらに該当する場合は、裁決にあたっては議会に諮問（却下の場合は報告）を行う必要がありますが、その代わりに、行政不服審査会への諮問が不要となります。

▶▶ 処分庁としての対応ポイント

今まで触れた内容は、主に審査庁・審理員に必要な内容ですが、では審査請求に係る処分を行った処分庁は、どう対応すべきでしょうか。

審査請求に対しては、まずは処分庁に「弁明」書の提出を求めていることや、口頭意見陳述において審査請求人から処分庁への質問のみが認められていることからすれば、行政不服審査制度は、処分庁が審査請求人に対し、説明責任を果たす場であると捉えることが肝要でしょう。

相手方にとって不利益定な行政処分を行う場合は、理由を付記し、処分の段階で理解を得られるようにすることが理想ですが、審理手続では、その内容をよりわかりやすくし、審査請求人の納得を得られるようにすることも重要です。当然、処分の見直しも視野に入れるべきでしょう。

次項で触れますが、行政処分については取消訴訟などの行政訴訟を提起することが可能であり、仮にそうなれば長期にわたって係争状態となります。それは、住民との関係において望ましいものとはいえません。

行政不服審査制度は、行政訴訟に至らないようにするリスクマネジメントとして対応すべき場と捉えることもできるのではないでしょうか。

6 8 ◎…行政訴訟制度

▶▶ 裁判による行政処分等の救済手続

行政不服審査制度は、行政処分の救済を行政自身に対して求める制度といえますが、それを司法に対して求める制度が行政訴訟制度です。

行政訴訟は、大きく主観訴訟と客観訴訟に区別されます。

主観訴訟は、自身の権利利益のために行う訴訟であり、客観訴訟は、自身の権利利益ではなく、広く一般的な社会利益のために行う訴訟をいいます。それらはさらに細かく分類されます（行訴法３条～６条）。

図表27　行政訴訟類型一覧

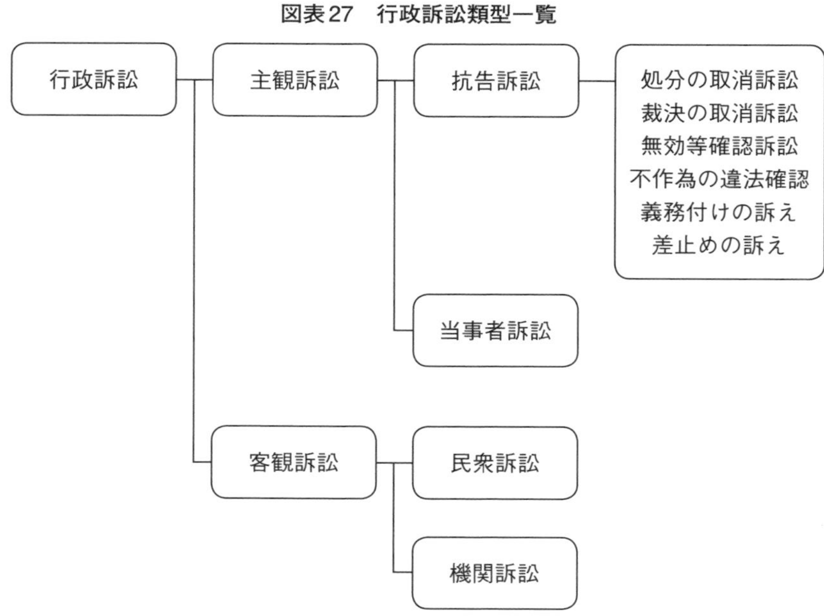

▶▶ 処分の取消訴訟の要件

これら行政訴訟のうち、最も重要なものは処分の取消訴訟といえます。これは、違法な行政処分の取消しを求めるものです。そして、その要件を考えるにあたってのポイントは次のとおりです。仮に取消訴訟の訴状が送達されたら、第一にチェックすべき項目といえます。

①処分性がある行為であるかどうか
②不服申立て前置であるかどうか
③原告適格・訴えの利益があるかどうか
④被告適格があるかどうか
⑤出訴期間内であるかどうか

▶▶ 処分性がある行為

教育委員会が行う行政処分としては、就学処分、停学・退学処分、公文書開示請求不開示処分、施設利用不許可処分などが代表的なものではないでしょうか。

一方で、この行政処分の考え方、言い換えれば、どのような行為が行政処分に該当するのかは、非常に難しい問題です。

行訴法３条２項において「行政庁の処分その他公権力の行使に当たる行為」と規定されているとおり、「行政庁の処分」と「公権力の行使に当たる行為」が行政処分となります。判例上は「公権力の主体たる国または公共団体が行う行為のうち、その行為によつて、直接国民の権利義務を形成しまたはその範囲を確定することが法律上認められているもの」(最判昭和39年10月29日民集18巻８号1809頁）とされています。

しかし、いずれも一般論であって、具体的な行為が行政処分に該当するのかは、その根拠となる法律や条例を参照して決めるほかありませんが、これら一般論から得られるポイントは次のとおりです。

第一に「公権力性があること」です。単なる私法上の契約は行政処分とはなりません。

第二に「直接」であることです。基本的に行政処分にはその名宛人が存在します。一方、具体的な名宛人がいない場合であっても、法的効果が一定の対象者に及ぶ場合は該当することもあります。

第三に「国民」であることです。行政機関内部の行為は行政処分に該当しないことが多いといえます。

第四に「権利義務を形成しまたはその範囲を確定する」ものであることです。相手方の任意に委ねられている行政指導や、内部意思決定の段階に過ぎない行政計画などは行政処分には一般的には該当しません。

まずは、この４点が抑えておくべき基本事項といえますが、どのような行為が行政処分に該当するかは、まずはその根拠となる法律や条例によるものの、その根拠条文だけではなく、一連の流れ、特にその影響を受ける相手方の権利救済という観点を考慮する必要もあるでしょう（参考として、最判平成17年７月15日民集59巻６号1661頁）。

▶▶ 不服申立て前置

行訴法は、行政処分について、先に触れた行服法に基づく審査請求ができる場合でも、それを経ることなく、取消訴訟を提起できることを原則としています（同法８条）。

一方、その例外もあり、個別法で審査請求に対する裁決を経た後でなければ処分の取消訴訟を提起することができないと明記されているものもあります。このような場合は、審査請求を経ることなく取消訴訟を提起することはできません（行訴法８条１項ただし書）。これを審査請求前置主義といいます。

審査請求前置主義を採用しているものはあまり多くはなく、教育委員会が関係しそうなものとしては、職員に対する懲戒その他の不利益処分、分担金等の徴収処分、督促・滞納処分が挙げられます。

▶▶ 原告適格・訴えの利益

原告適格とは、具体的な事件につき訴訟を提起することができる立場をいいます。例えば、退学処分の場合、原告適格を有するのは、その本人ないし保護者です。本人が可哀そうであるからといって、近所の人が退学処分の取消訴訟を提起しても、認められることはまずありません。

この場合、「近所の人」は「原告適格を有しない」ということとなります。いわば、近所の人は、退学処分を取り消す「法律上の利益」を有していないといえます。

また、行政処分を取り消すことにより得ることができる「法律上の利益」を「訴えの利益」といいます。行政処分を取り消したとしても何の法的利益が得られないのであれば「訴えの利益」がないといえます。

公の施設の利用拒否処分を例に挙げます。特定の日にイベントを行うため公民館の利用申請がなされ、それを拒否したとします。その後、申請をした本人がその取消訴訟を提起したとします。しかし、その訴訟中に、イベントを予定していた日を経過したとすれば、現実的な問題として時間を遡ることはできないため、少なくとも取消訴訟においては、訴えの利益はないでしょう（このような場合の事前救済としては、利用拒否処分の取消訴訟と利用許可処分の義務付け訴訟の提起、仮の義務付けの申立てを併せて行うことが想定されます）。

▶▶ 被告適格

被告適格は、提訴の相手方である被告が適切であるかどうかという問題ですが、被告は行政主体とされており、教育委員会が行った行政処分である場合は、その教育委員会が属する自治体が被告となります（行訴法11条1項）。

なお、136頁でも触れましたが、教育委員会が本来的に権限を有する行政処分については、被告は自治体であり、その代表は教育委員会となり、さらに教育長がその代表者となります。

この点、国家賠償法に基づく賠償請求訴訟の場合は、やや異なります。

182頁で触れたとおり、相手方に損害が生じた場合にその賠償責任を負うのは、その行為を行った職員ではなく、教育委員会でもなく、自治体となります。そしてその代表者は、首長となります。

よって、国家賠償法に基づく賠償請求訴訟の場合は、たとえ教育行政上の行為の違法性が争点であったとしても、その被告が自治体であることは同様ですが、その代表者は首長となることが大きなポイントとなります。

▶▶ 出訴期間

処分の取消訴訟は、処分があったことを知った日から6か月を経過したとき、又は、処分の日から1年を経過したときは、原則として提起することができません（行訴法14条1項・2項)。この期間を出訴期間といいます。

なお、同じ行政処分について審査請求などの別の救済手続を経ている場合は、その裁決があったことを知った日などが出訴期間の起算点となり、いわば出訴期間が延長されることになります。

一般的に期間計算は煩わしいことが多いといえます。

期間計算は、特段の規定がない限り民法が適用され、日、週、月又は年によって期間を定めたときは、期間の初日は、算入しません（いわゆる初日不算入の原則、民法140条。ただし、その期間が午前0時から始まるときは例外的に初日を参入します)。

上記出訴期間についていえば、例えば10月10日に行政処分を行い、その日に相手方に直接伝達した場合は、出訴期間の最終日は、その翌日である10月11日を初日とした6か月後（6か月後の対応日の前日）となりますので、翌年の4月10日が最終日となります。

なお、法律や条例などにおいて「○○の日から起算して2週間以内」といった規定を見かけますが、このような規定がなされている場合は、「○○の日」を初日に含むため、注意してください。

▶▶ 対応ポイント

処分の取消訴訟が提起された際には、まずは上記した要件を満たしているのかを検討すべきといえます。他の類型の訴訟についても同様でしょう。

仮に満たしていない場合は、実質的な審理以前の問題として却下されますが、あくまでもそれは最後の判決の段階で明らかになるものです。実務上は、実質的な審理もまた同時に行われるため、上記した要件を満たしていなかったとしても、実質的な主張、つまり、訴訟要件を満たしていると仮定した場合の主張を行う必要があるといえます。

したがって、いつ、誰が、誰に対し、何を根拠に、どのような手続や検討経過を経て、どのような理由で（根拠法や関連法の要件を満たして）、どのような処分を行い（あるいは行わず）、どうなったか、などといった事実関係の整理とともに、行政庁としての主張を行っていく必要があります。

6 9 ◎…住民監査請求・住民訴訟制度

▶▶ 住民監査請求・住民訴訟の趣旨

事例

令和Ｘ年６月、市立Ａ小学校において、プール掃除後、水を張ろうとしたところ、担当職員Ｂが所定の時間に給水バルブを閉めるのを忘れて帰宅したため、翌朝まで水が出続け、溢れた状態となってしまった。

そのため、その月の水道料金が昨年同月に比べ100万円ほど高くなったが、教育委員会事務局担当課の職員Ｃは、その理由を知っていたものの、同年９月に全額を公費で支払った（補助執行）。また、給水バルブを閉め忘れた職員ＢやＡ小学校の校長Ｄの責任は特に検討しなかった。

同年10月、この事実を報道で知ったある住民は、水を使用した以上、職員Ｃがその料金を支払うこと自体は止むを得ないと考えているが、昨年同月に比べ高くなった部分の水道料金を全額公費で支出したことに納得できず、その原因に関与した職員の責任を検討していない市の姿勢に疑問を持っている。

住民監査請求や住民訴訟については、その用語を耳にしたことはあっても、詳しくは知らないという方も多いでしょう。両制度の内容は多様ですが、端的に表現すれば、財務行為の是正措置を求めるものといえます。上記事例でいえば、水道料金の支払いやその後の対応が「財務行為」に該当し、その適法性や妥当性を問う制度といえます。

住民監査請求は、住民（１人でも可能です）が、監査委員に対し、違法・不当な財務行為の是正措置を請求するものです（自治法242条）。また、住民訴訟は、その住民監査請求を行った後に、裁判所に対し、違法な財務行為の是正措置を求め、提訴するものです（自治法242条の２）。

この住民訴訟は、客観訴訟（212頁、図表27参照）としての民衆訴訟の代表例であり、その請求者自身の権利利益の救済を直接的な目的としたものではなく、財務行為の是正措置という社会公益性を目的とした手続といえます。

このように、両制度は財務行為の是正措置を求めるものといえますが、28頁などで触れたとおり、教育委員会は予算執行権や契約締結権を有していないため、「関係ないのでは」と感じる方も多いでしょう。

確かに、原則論からすれば、全くとはいえませんが、あまり関係ありません。

しかし、56頁で触れたとおり、教育財産の管理は教育委員会の権限ですし、実務的には、予算執行や契約締結などの財務行為について、首長から委任を受けたり、あるいは、首長の補助執行として、教育委員会事務局の職員（教育機関の職員も同様です）が処理することが通例でしょう。

また、68頁で触れた附属機関の問題もあります。

よって、教育委員会としても、教育委員会事務局職員としても、非常に重要な制度といえます。

▶▶ 住民監査請求の概要とポイント

住民監査請求は、住民が、自らの居住する自治体の違法・不当な財務会計上の行為について、監査委員に対し監査を求め、その行為に対し必要な措置を講ずべきことを請求する制度をいいます。

対象となる者は、首長などの執行機関や職員となります。ここでいう「職員」は、議員以外の職員全体を指しますが、実務上は、争点となっている財務行為の決裁権・専決権を有する職員など、財務行為に関係する職員となります。

対象となる行為は、違法・不当な公金の支出、財産の取得、管理・処分、契約の締結・履行もしくは債務その他の義務の負担、公金の賦課・徴収のほか、財産の管理を怠る事実をいいます。つまり、公金の支出などの行為のほか、請求すべきものを行っていないといった「不作為」も含まれます。

なお、161頁と162頁で挙げた事件は、住民監査請求を経た住民訴訟です。

▶▶ 住民訴訟の類型

住民監査請求の結果や、その後の首長などの対応に不服がある住民は、住民訴訟を提起することができます。

この住民訴訟は4つに分類されます（自治法242条の2第1項各号）。法律上名称が明記されているわけではありませんが、それぞれを定める号の数字を冠として、「1号訴訟」などと一般的に呼ばれています。

①1号訴訟

首長などの執行機関等を被告として、違法な財務行為の全部又は一部の差止めを請求するものです。

②2号訴訟

自治体を被告として、行政処分たる財務行為の取消し又は無効確認を請求するものです。

「行政処分たる財務行為」といわれてもピンとこないかもしれませんが、実際に例は多くありません。想定されるものは、157頁で触れた教育財産の使用許可の使用料免除処分が挙げられます（なお、使用許可処分自体は該当しない事例が多いといえます）。なお、補助金の交付を行政処分と位置付けるのであれば、それも含まれうることになります。

③3号訴訟

首長などの執行機関等を被告として、怠る事実の違法確認を請求するものです。

④４号訴訟

やや複雑です。端的にいえば、首長などの執行機関等に対し「職員に対し賠償の請求を行うこと」などを求めるものです。被告は首長などの執行機関等ですが、実際に賠償を行うのは個人としての職員であり、仮に請求が認められれば、その職員はポケットマネーで支払う必要があります。

図表28　４号訴訟のイメージ

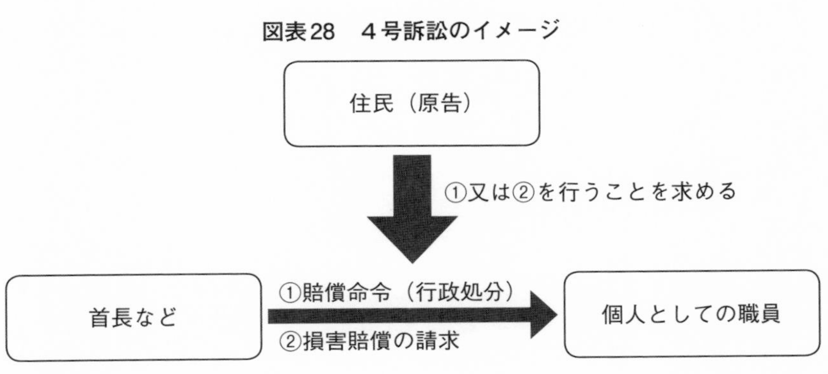

つまり、職員が行った財務行為（不作為も含みます）が違法であり、それによって自治体に損害が生じているのだから、その損害分をその職員個人が補塡するものといえます。

▶▶ 4号訴訟の責任を負う範囲とポイント

このように４号訴訟は非常に厳しい制度といえ、それに備えた、いわば住民訴訟保険も販売されているほどです。では、この４号訴訟で実際に賠償する可能性のある職員は、どのような職員が対象なのでしょうか。それは大きく２つに分類されます。

１つは、次に挙げる「賠償命令対象職員」とされる職員です（自治法242条の２第１項４号ただし書・243条の２の２第１項）。

①会計管理者
②会計管理者の事務を補助する職員
③資金前渡を受けた職員
④占有動産を保管している職員
⑤物品を使用している職員
⑥支出負担行為を行う権限を有する職員
⑦支出命令やその確認を行う権限を有する職員
⑧支出・支払を行う権限を有する職員、契約の監督・検査を行う権限を有する職員
⑨上記⑥～⑧までの職員を直接補助する職員で自治体の規則で定めるもの

教育委員会には予算執行権や契約締結権はありませんが、事務局職員は首長の補助執行として財務行為を行い、決裁規程等に基づく専決により財務行為を行っていることが通例です。この専決権を有する職員も「賠償命令対象職員」に含まれます。

これら「賠償命令対象職員」は、その財務行為が違法であり、自身に故意又は重過失があり、自治体に損害がある場合は、賠償命令（行政処分）を受けることとなります。

もう１つは「当該職員」とされる職員です（自治法242条の２第１項４号本文)。

これは、「賠償命令対象職員」以外の職員であり、実務的には「賠償命令対象職員」の監督者となるのが一般的です。具体的には、首長や副知事・副市長が挙げられます。専決権者が課長級職員である場合における部長級職員も含まれます。

これら「当該職員」は、その財務行為が違法であり、自身に故意又は過失があり、自治体に損害がある場合は、損害の賠償を請求されます。

先ほどの「賠償命令対象職員」の責任については重過失が必要でしたが、それに比べれば、責任が認められやすいといえます。

以上のとおり、４号訴訟が認められる場合は、①財務行為（不作為も含みます）が違法であること、②職員に故意又は重過失・過失があるこ

と、③自治体に損害が生じていることになります。つまり、財務行為が違法であっても、職員に過失がなければ賠償する責任は発生しません。

70頁で触れましたが、財務行為の是非の判断に悩む際には、仮に4号訴訟となった場合に備えて、その検討経過や参考とした資料などを記録として保存しておくことが重要です。

当時の国の見解や通説的見解などを参考とし、十分検討したうえで判断したのであれば、財務行為自体は違法であったとしても、職員の過失は免れることもあり、実際にそのような事例も存在します。その時々の検討とその記録は自分の身を守るといえるでしょう。

▶▶ 事例の検討

住民監査請求や住民訴訟の概要は以上のとおりですが、218頁で挙げた事例に当てはめるとどうなるのでしょうか。

もっともシンプルなものは「財産の管理を怠る事実」ではないでしょうか。つまり、請求すべきものを行っていない「不作為」が挙げられます。

担当職員Bは「本来であれば所定の時間に給水バルブを閉める必要があったにもかかわらずそれを怠った」という職務上の注意義務違反があり、そして、その注意義務違反と損害とに因果関係が認められる、と仮定すれば、A市長（教育委員会ではありません）は、担当職員Bに対し、損害賠償請求権を有しているといえます（民法709条）。また、その監督者である校長Dも何らかの責任があるかもしれません。

だとすれば、A市長は、損害賠償請求権（「債権」という財産に該当します）を有していますが、それを行使していないので、その怠る事実（不作為）の違法性・妥当性を争点とすることが想定されます。

もちろん、実際に結論を出すにはより深い検討が必要ですし、全額を請求すべきなのかという重要なポイントもありますが、住民監査請求や住民訴訟が教育現場の身近に存在していることは間違いありません。

なお、水（水道水）は「占有動産又は使用に係る物品」には該当しないため、自治法243条の2第1項に基づく賠償責任ではなく、一般的な民法の不法行為責任となることを前提としています。

6 10 ◎…学校弁護士の活用

▶▶ 教育行政における法的問題

教育行政には様々な問題が横たわっており、その対応に法的知識が求められることも多いでしょう。また、学校などの教育機関への過剰な要求が保護者などからなされることも珍しくありません。

しかし、これら諸問題への対応を学校現場に任せきりにしてしまうと、児童生徒への教育や指導という教職員の本分に影響が出かねませんし、事案によってはより悪化・複雑化するという結果を招きかねません。そこで、そうなる前に適切なフォローが必要ですが、その一環として学校現場で法律の専門家である弁護士を活用する動きが活発化しています。

このような弁護士は「学校弁護士」や「スクールロイヤー」などと呼ばれますが、その導入や活用にあたってのポイントとしては、学校弁護士の位置付け・任用形態、従事日数、人数、報酬、業務内容が挙げられます。

▶▶ 学校弁護士の位置付け・任用形態

まず検討すべきは、学校弁護士をどのような位置付けとするかでしょう。具体的には「職員とするか、委託契約（アドバイザー契約）とするか」「職員にする場合、どのような任用にするか」です。

まず、従来からよく見られる契約型を挙げてみます。これは大きく、教職員などが弁護士の事務所に訪問して相談するタイプ（弁護士事務所型）と、弁護士が学校内で事務に従事して対応するタイプ（学校内従事型）、教育委員会事務局内で事務に従事して対応するタイプ（事務局内従事型）に分かれます。それらの長所・短所は次のとおりです。

図表29　形態別長所短所一覧その１

形態	長所	短所
弁護士事務所型	弁護士の負担が少ない	学校現場の実情がわかりにくい 即時に対応できない
学校内従事型	学校現場の実情がわかりやすい 電話対応も可能	従事日数によっては弁護士の負担が重い
事務局内従事型	複数の学校における問題に関与できる	学校現場の実情がわかりにくい 従事日数によっては弁護士の負担が重い

学校現場としては「学校内従事型」か、あるいは「事務局内従事型」が好まれるかもしれません。しかし、従事日数にもよりますが、弁護士の負担はかなり重いといえます。なぜなら、弁護士は「学校弁護士としての業務」以外の通常の弁護士業務も行っているからです。

通常の業務に支障をきたしてまで学校弁護士を受けてくれる弁護士を探し出すことは難しいと言わざるをえません。

よって、弁護士の負担と学校現場の希望とを勘案して決める必要がありますが、週１、２回程度が現実的ではないでしょうか。

続いて、弁護士を何らかの「職員」として任用するものです。なお、この場合であっても「弁護士事務所型」など複数の従事場所が想定されますが、その長所・短所は上記と同じであるため、割愛します。

任用といってもその種類は多様ですが、大きく、任期の定めのない職員（一般職）とするか、任期の定めのある職員（非常勤特別職、任期付職員、会計年度任用職員など）とするかという点が大きなポイントです。

図表30　形態別長所短所一覧その２

形態	長所	短所
任期の定めのない職員（任期付職員以外）	長期的な関係を構築しやすい 公務従事日数が多い	勤務日数や勤務時間、兼業禁止などの服務上の制約あり、弁護士の負担が重い
任期の定めのある職員（任期付職員など）	勤務条件や服務上の制約が弱く、弁護士のニーズに応えやすい	長期的な関係を築くことが担保できない

なお、任期の定めのない職員や任期付職員の場合は、原則として兼業禁止であって、公務に専念する必要があるため、公務従事日数は通常の行政職員と同じとなり、逆に通常の弁護士活動は行えなくなります。

半面、非常勤特別職や、いわゆるパートタイム会計年度任用職員は兼業が禁止されていないため、弁護士にとってはメリットがありますが、その分だけ、公務従事日数は少なくなります。

▶▶ 従事日数・人数・報酬

従事日数、人数、報酬は、上記の学校弁護士の位置付けに大きく関係しています。週に１回程度の非常勤とするのであれば、人数を増やしてカバーをすることも可能ですし、週５日の常勤職員とするのであれば１名で足りるとの判断もあるでしょう。また、報酬もそれら内容によって決まります。

この人数や従事日数を決めるうえで重要なのが「教育現場のニーズ」です。つまり、せっかく学校弁護士を常勤職員として任用したとしても、相談件数が少なくて手持ち無沙汰であれば意味がありません。

よって、教育現場のニーズを把握することで人数や従事日数が決まり、最後に任用形態や従事場所が決まるともいえます。

▶▶ 業務内容

学校における法的問題は、増えているとはいえ毎日起きているわけではありません。また、過剰な要求も毎日あるとは限りません。

そのため、学校弁護士の業務内容をよくよく検討しなければ「やることがない」といった事態も想定されます。また、学校弁護士本人としても、周囲としても、業務内容を明確にしなければ、何に対応できるのか、対応すべきなのかがわからず、かえって混乱を招きかねません。

この学校弁護士の業務内容として検討すべきものは次のとおりです。

第一に法的問題への相談が挙げられます。法律の専門家から様々な助言を得たうえで実務を処理することは、大きなメリットといえます。

第二に会議への出席です。教育行政に関する会議に出席を求め、法的な側面からのアドバイスを得られれば、より実りのある会議となります。

第三に職員の研修や特別授業です。職員研修として外部講師に依頼することも多いでしょう。このような研修を任せることも検討に値します。また、法教育の一環として学校における特別授業を任せることも検討に値します。

第四に代理行為です。学校現場や事務局には要望や苦情が記された様々な手紙・メールが届き、中には内容証明郵便もあります。そのうち、回答を要するものについて作成してもらうことも検討に値します。また、訴訟の代理人を業務とするかについて明確に決めておく必要もあるでしょう。

第五に保護者との折衝です。教育現場の意見としては、ぜひとも業務内容に入れたいところでしょう。確かに保護者との折衝に弁護士がいれば、ポイントが整理され円滑に進むかもしれませんし、校長や教員などの心理的負担も軽減されるでしょう。一方、保護者からすれば、最初から弁護士が同席していれば、かえって警戒し、態度を硬化させる可能性もあります。仮に保護者との折衝を業務としたとしても、どの時点から同席を求めるのかなど、その運用には注意が必要です。

最後に、業務内容ではなく心構えのようなものですが、特に学校弁護士を職員として任用する場合、客観的に見れば「学校側の味方をしている弁護士」とみなされるのではないでしょうか。相手方の要求を単に拒否するのみではなく、法的見地のみならず、児童生徒の利益という見地からアドバイスを求めるようにすることも必要といえます。

▶▶ 学校弁護士を任用すればバラ色か

学校弁護士を任用したことのみをもって、いじめやクレーム、不祥事などが減ることはまずないでしょう。学校弁護士の役割は、問題の複雑化を防止するためのアドバイスや事後対応が一般的であり、学級担任や服務監督者となり、児童生徒や教職員を指導するような役割を担うのは稀ではないでしょうか。

学校弁護士の任用が、目的ではなく、あくまでも手段である以上、どのようにすれば上手く活用できるかを第一に検討する必要があります。

弁護士は「事実」に基づいて「評価」を行います。よって、事実関係が未整理の状態では評価をすることはできません。

また、評価不能であればまだよいものの、もし事実関係の内容に誤りがあれば、その分だけ評価が変わることも想定されます。よって、一度相談し、アドバイスをもらったものの、二度目の相談時に、一度目で説明した事実関係とは異なる部分があれば、二度目のアドバイスは、一度目のものとは異なることも十分想定されます。

このように、学校弁護士の導入は有用といえますが、活用方法を誤ると、かえってマイナスとなることもあるため、業務内容・相談体制は十分検討する必要があります。

第7章

指導主事・学校現場との協働

7 1 ◎…それぞれの「常識」は異なると心得る

▶▶ 教育委員会事務局に関係する人的環境

図表31は、教育委員会事務局に関係する人的環境を概観したものです。

図表31　教育委員会事務局における人的環境

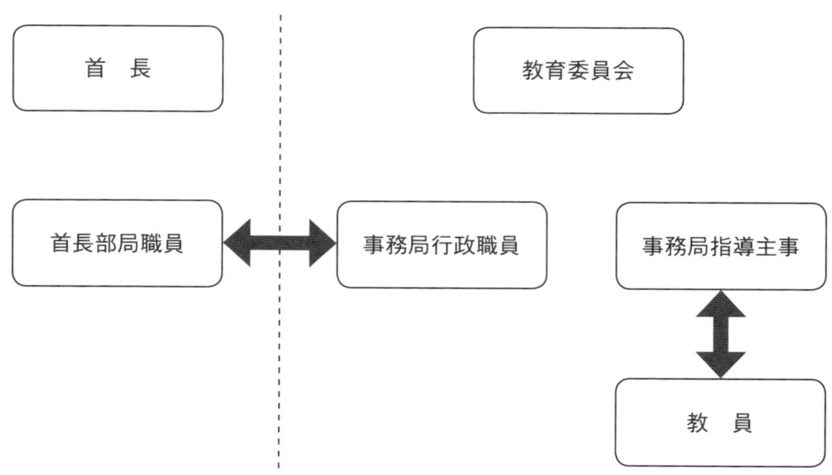

首長（教育委員会とは別の執行機関も含みます）と教育委員会は別の執行機関ですが、それぞれの職員（行政職員）は、その垣根を越えて人事異動することが通例です。一方、教育委員会事務局の指導主事は、学校の教員の中から配属されることも多いといえます。特に、県費負担教職員が指導主事となる場合は、他の自治体の職員となります。

逆に、行政職員が教員になったり、教員が首長部局の職員（行政職員）

になることは、制度上不可能ではありませんが、ほぼありません。

このような環境からすれば、行政職員は「自治体全体として」という意識が、指導主事は「教育現場として」という意識が、それぞれ強くなるものともいえます。言い換えれば、行政職員にとって、教育現場は「遠い存在」と言えるかもしれません。

▶▶ 今までの環境が違う

このように、教育委員会事務局には多様な職員が存在し、大きく行政職員と指導主事に分けることができます。

行政職員は、各種法令や一般的な行政法の考え方に基づき事務を執行しているはずです。しかし、児童生徒の指導に長けていたり、教育学や児童心理学に精通していたりする行政職員は、なかなかいません。

同様に、指導主事は、教育に関係する法令や教育論には詳しいものの、一般的な行政法の考え方や財務などの行政実務に詳しい指導主事は、ほとんどいないでしょう。

この特徴は、それぞれのキャリアからして、当然といえます。

しかし、両者は「公務員」であることには変わりはなく、教育委員会事務局という同じ組織で机を並べています。あえて違いを挙げれば「今までの環境」であり、そして、どちらかが正しいものではありません。

▶▶「常識」は異なっていて当然

今までの環境やキャリアが異なれば、常識（より正確にいえば「プロ意識」と表現することもできます）が異なるのも当然です。

教育委員会事務局の職員になったら、「自分自身が持つ常識とは全く異なる常識を持っている職員が隣に座っているかもしれない」と心得ておきましょう。

7 2 ◎…相手を理解するには、まず「対話」から

▶▶ よくある場面

事例１

行政職員Ａ

「この文章はこのように修正してください。あと、合議者が足りませんので、この人を追加してください。あと……、この資料、余白が狭すぎます。そもそも事前レクは終わっていますか？」

指導主事Ｂ

「わかりました（細かいなあ）」

事例２

行政職員Ｃ

「今後、学校の先生にこの報告書を提出してもらおうと思いますが、どうでしょうか？」

指導主事Ｄ

「朝は登校時の児童対応、終わったらすぐ授業。お昼は給食指導。児童が帰った後は会議に資料作成に採点。トイレにいく時間もありません。作ってもらうにしても、もっと負担を軽減する工夫が必要では……」

このような場面はよくあるのではないでしょうか。

教育委員会事務局の特徴は、行政職員と指導主事が執務室を同じくし、場を共有している点にあるといえます。そして、前項で述べたように、今までの環境や常識が異なるため、このように意識の違いが顕在化

することはよくあります。

▶▶ 教育委員会事務局における「壁」

教育委員会事務局が、組織としての最大のパワーを発揮することができる条件の１つとして、行政職員と指導主事の間の関係構築が挙げられます。

この関係構築にあたって重要な要素となるのが、行政職員と指導主事との「協働」といえます。しかし「協働」といっても「一緒に仕事をする」くらいのことはわかりますが、具体的にはよくわかりません。「協働」とは何なのかを炙り出すには、その対立概念である行政職員と指導主事との「壁」を理解する必要があります。

まず挙げられるものは、常識の差、言い換えればプロ意識の差から生じる「壁」です。

一般的に、行政職員は「自治体全体」という意識が強く、具体的には、ルールや数字、議会や住民への説明責任を重んじる傾向があります。一方、指導主事は「教育行政」という意識が強く、学校現場の状況や教職員の「思い」を重んじる傾向があるのではないでしょうか。教職員の「思い」の向こう側には児童生徒への「思い」があることもあり、当然といえます。

行政職員としては、予算に基づき事業などを行う場合は、その効果を把握したいと考えます。そして、それは可能な限り「数字」としての表れるもの、つまり、費用対効果が具体的に示されたものであることが理想です。その理由は、145頁で触れたような、翌年度以降の予算要求の際に求められることが多いためです。

そして、このことは、予算要求という内部的な行為だけではなく、住民や議会、メディアへの説明責任という対外的な側面からも、重要といえます。

また、コンプライアンスや適切な意思決定を経ることも強く意識しています。

一方、指導主事は、教育現場に過度な負担を強いたり、混乱を生じさせたりしないかを重要視します。その理由は、教育現場へのさらなる負担や混乱は、直接的にせよ、間接的にせよ、児童生徒に悪影響が生じうるためです。

また、教育委員会事務局という行政機関と、学校という現場との間にある「壁」もあります。例えば、教育委員会として新たな事業や施策を行おうとするときに、指導主事や学校現場からの拒否反応として現れやすいといえます。

両者の認識はともに間違っているとはいえません。単に立場が異なるのみです。しかし、場合によっては「対立」となりかねないものともいえ、そのような状態が組織として好ましいはずがありません。

▶▶ 教育委員会事務局は複線型人事を宿命付けられた組織

国家公務員の給与制度には、「専門スタッフ職俸給表」が存在します。これは、いわばスペシャリストというキャリアプランを別に設け、そのスペシャリストとジェネラリストと融合させる「複線型人事」を想定した給料表です。

このような複線型人事においては、ジェネラリストとスペシャリストとが上手くミックスすることが何よりも重要です。

教育委員会事務局でいえば、厳密な意味では複線型人事には該当しないかもしれませんが、行政職員を一般行政のジェネラリスト、指導主事を教育のスペシャリストと位置付けることは可能でしょう。その際に、ジェネラリスト同士、スペシャリスト同士で群れをなしているだけでは何も生み出しません。俗にいう「○○ムラ」のような状況は避けられるべきです。

行政職員と指導主事とがミックスする必要があるといえ、それは、「対話」によりお互いを知ることから始まるといえます。

7 3 ◎…違いを認め、得意・不得意を自覚する

▶▶ 行政職員と指導主事の差異

行政職員は、学校現場のことや担任教諭の苦労を十分に知っているとはいえないのではないでしょうか。

時折、視察に行くことはあるとは思います。しかし、視察の有用性を否定するものではありませんが、授業風景などを見たり、教職員から話を聞いたりするのみで、担任教諭としての職務を体験することはできず、実体験として得た情報とはいえないでしょう。

また、学習指導要領といったものや教育の実務について精通していることは少ないといえます。

一方、指導主事は、事業や施策の決定プロセスや予算編成、文書事務といった一般的な行政実務については、漠然とは知っているかもしれませんが、 具体的な手法を熟知しているとまではいえない場合が多いでしょう。

また、自治法など行政に関係する法制度に精通している指導主事は決して多くはないと推測されますし、学校現場とは異なり、事務局においては組織的な意思決定が不可欠であるため、戸惑う場面は非常に多いでしょう。

もはや説明は不要かもしれませんが、行政職員に不足している要素は指導主事が持っており、指導主事に不足している要素は行政職員が持っていることが非常に多いといえます。

そこで、双方の違いを認識し、補完し合うことが何より重要です。逆にいえば、自分自身の考えのみで、言い換えれば、行政職員のみで、あるいは、指導主事のみで決定することは、思わぬ副作用が生じるおそれ

があるといえます。

232頁の事例１についていえば、行政職員Ａが、指導主事Ｂが起案したものについて指摘をしています。このような細かいルールは学校現場ではあまり意識していないかもしれませんが、事務局では必要となります。

232頁の事例２についていえば、行政職員Ｃが指導主事Ｄに声を掛け、考えを聞いたからこそ、その問題点を指摘されています。仮にこのようなやりとりがなければ、学校現場からの反発があったかもしれません。

なお、この状況における指導主事Ｄは、いわば学校現場の代弁者といえます。

▶▶ 適切な役割分担

授業のオンライン化を例に挙げると、その実現には様々なモノや人、手続などが必要でしょう。

まずはハード面の環境整備です。パソコンなどの調達から校内Wi－Fi整備のための工事が最低限必要です。パソコンといっても、ノートパソコンにするか、タブレットにするかという選択が必要ですし、そのスペックも重要でしょう。多くの場合、これら環境整備や、そのための予算措置や財務手続は行政職員が中心となって行います。

一方、どのようなパソコン・タブレットとするか、各家庭に持ち帰るか、学校内での保管とするかなどについては、実際に使用する学校現場に近い指導主事の意見もまた重要です。

ソフト面についていえば、オンライン授業の様態（リアルタイムかオンデマンドか）や、用いる教材の準備が挙げられます。これは、実際に授業を行う学校現場に近い指導主事が中心となって行うことが多いでしょう。

また、125頁や199頁で触れたような個人情報や著作権の問題や、パソコンを破損した場合の対応については、行政職員も検討に加わることが想定されます。

さらに、授業のオンライン化は、児童生徒の学習様態に関わるものといえますし、社会の耳目を集めるものであるため、保護者や議会、メディアへの説明やＰＲも必要でしょう。この点は、行政職員と指導主事とで協力分担して行うことが想定されます。

▶▶ 事務局内でのサポート

このように、教育行政における事業や施策は、教育現場に多大な影響を及ぼすため、行政職員と指導主事が協働が欠かせません。

そして、その際に重要なのは、自身を過信しないことであり、行政職員は教育現場の事情を、指導主事は一般的な行政実務を「あまり知らない」ということを自覚することです。

逆にいえば、行政職員が指導主事をサポートすることが、指導主事が行政職員をサポートすることが、それぞれ重要ともいえます。

また、行政職員は制度上の建前論に終始する一方で、指導主事は教育現場の事情に終始する、という事態は好ましいものではなく、双方の意見を尊重したうえで、議論を収斂させていく必要があります。そのような点では、両者には一定程度の緊張関係もまた必要かもしれません。

37頁で触れたとおり、事務局職員の基本的な任務は、教育を実践している教育機関を適切にサポートしていくことですが、それを効果的に行うためには、事務局内でサポートし合う意識や体制もまた重要といえるでしょう。

7 4

◎…お互いの立場をつなぐ「通訳」になる

▷▷ 調整・緩衝と翻訳

教育行政を実践していくうえでは、教育委員会事務局内の事務処理だけで完了することはむしろ稀です。

予算や人員の要求、議会への説明、メディアへの対応、条例の審査、賠償・訴訟、学校・保護者への説明、PTA・自治会への説明など、事務局外の関係者と折衝するシチュエーションは多々あります。また、特に指導主事の場合は、学校から相談を受けることも多いでしょう。

このような際に、行政職員のみで、あるいは、指導主事のみで対応したとして、そのすべてが円滑に進むでしょうか。

例えば、予算要求の場面で、指導主事が学校現場の実情を切々と述べ、予算が必要であることを説明したとしても、必要性は伝わるかもしれませんが、必要性だけで足りるかというとそうではありません。この場合、行政職員が、予算査定部門と指導主事の間に「調整役」あるいは「緩衝役」として入ることで、円滑に進むことも想定されます。

このようなことは、学校現場におけるトラブルや訴訟においても顕著でしょう。学校弁護士や訴訟代理人弁護士と指導主事との間に「調整役」「緩衝役」として行政職員が介在すると、議論がまとまりやすくなります。

また、新たな事業を行う場合で、特に教職員の負担が生じるときは、その説明に際して、行政職員だけではなく、学校現場の事情に明るい指導主事が「調整役」「緩衝役」として介在することでスムーズに話が進むことが考えられます。

いわば、場面に応じて、行政職員または指導主事が対外的なハブ役となり、別の部署（特に首長部局）や学校現場との「通訳」を担うことが必要といえます。そして、その役割（メインとサポート）は場面ごとに変わるでしょう。当然、互いの認識の違いを補完するためのコミュニケーションが事前に図られていることが前提です。

▶▶ 最後に

教育委員会事務局職員として携わる業務について、主要なポイントについて横断的に触れてきましたが、行政職員としては、首長部局の業務とは異なる点が多くあったと感じるのではないか思います。首長部局から教育委員会事務局に異動された方ですら戸惑うことも多いですが、その理由は、制度上の違いにあるといってもいいでしょう。学校現場独特の制度や実情も併せれば、もはや「別世界」といってもいいかもしれません。

地方公務員の異動は「転職に近い」とよくいわれますが、学校から事務局に異動した指導主事にとってみれば、まさに、一世一代の「転職」といっても決して大げさではないと思います。

しかし、考え方を変えれば、「首長部局の制度」と「教育委員会の制度」、「学校における業務」と「教育委員会における業務」のすべてを学ぶことができるチャンスといえます。このことは、新規採用職員にも当てはまるといえるでしょう。

教育委員会事務局における職務を通じて、行政職員としては教育に関する「深い識見」を、指導主事としては行政に関する「広い識見」を、それぞれ得られるものといえます。

参考文献

- 芦部信喜『憲法〈第七版〉』(岩波書店、2019年)
- 鈴木勲編著『逐条学校教育法〈第８次改訂版〉』(学陽書房、2016年)
- 木田宏著、教育行政研究会編著『逐条解説　地方教育行政の組織及び運営に関する法律〈第四次改訂〉』(第一法規、2015年)
- 藤田宙靖『〈新版〉行政法総論　上巻』(青林書院、2020年)
- 藤田宙靖『〈新版〉行政法総論　下巻』(青林書院、2020年)
- 宇賀克也『行政法概説Ⅱ　行政救済法〈第７版〉』(有斐閣、2021年)
- 宇賀克也『行政不服審査法の逐条解説〈第２版〉』(有斐閣、2017年)
- 塩野宏『行政法Ⅲ　行政組織法〈第５版〉』(有斐閣、2021年)
- 宇賀克也『地方自治法概説〈第９版〉』(有斐閣、2021年)
- 橋本勇『改訂版　自治体財務の実務と理論――違法・不当といわれないために』(ぎょうせい、2019年)
- 松村享『紛争リスクを回避する　自治体職員のための住民監査請求・住民訴訟の基礎知識』(第一法規、2018年)
- 村上祐介・橋野晶寛『教育政策・行政の考え方』(有斐閣、2020年)
- 上野達弘編『教育現場と研究者のための著作権ガイド』(有斐閣、2021年)
- 中野友貴『先生！バナナはおやつに含まれますか？――法や契約書の読み方がわかるようになる本』(第一法規、2018年)

●著者紹介

伊藤 卓巳（いとう・たくみ）

川崎市教育委員会事務局庶務課〔法制担当〕

2001年川崎市入庁。区役所保護課、人事委員会事務局調査課、総務局法制課、市民こども局市民文化室などを経て現職

自治体の教育委員会職員になったら読む本

2022年 3 月 30 日　初版発行
2024年 4 月 1 日　4刷発行

著　者　伊藤 卓巳（いとう たくみ）
発行者　佐久間重嘉
発行所　学 陽 書 房

〒102-0072　東京都千代田区飯田橋1-9-3
営業部／電話 03-3261-1111　FAX 03-5211-3300
編集部／電話 03-3261-1112
http://www.gakuyo.co.jp/

ブックデザイン／佐藤 博
DTP制作・印刷／加藤文明社
製本／東京美術紙工

ISBN 978-4-313-16172-6　C2036

好評既刊

自治体の財政担当になったら読む本

定野司［著］

予算・決算・地方交付税から起債管理・財務分析まで、財政担当の実務を詳解！　担当者としての心構え、効率的に仕事を進めるコツも盛り込んだ担当者必携の書。

定価＝2,750円（10%税込）

自治体の議会事務局職員になったら読む本

香川純一・野村憲一［著］

執行機関とは異なる作法（議員と事務局の役割分担）をはじめ、本会議・委員会の進め方、審議における問題解決、調査・庶務のポイント等をわかりやすく解説！

定価＝2,750円（10%税込）

自治体の会計担当になったら読む本

宮澤正泰［著］

支出・収入・公金管理・契約等に関する業務の流れ、必須の知識・ノウハウを解説。初任者はもちろん、会計事務に携わる職員が読んでおきたい1冊。

定価＝2,640円（10%税込）